Carl Claus

Die Copepoden-Fauna von Nizza

Ein Beitrag zur Charakteristik der Formen und deren Abänderungen

Carl Claus

Die Copepoden-Fauna von Nizza
Ein Beitrag zur Charakteristik der Formen und deren Abänderungen

ISBN/EAN: 9783744610445

Hergestellt in Europa, USA, Kanada, Australien, Japan

Cover: Foto ©ninafisch / pixelio.de

Weitere Bücher finden Sie auf **www.hansebooks.com**

SCHRIFTEN DER GESELLSCHAFT

ZUR BEFOERDERUNG

DER GESAMMTEN NATURWISSENSCHAFTEN

ZU

MARBURG.

SUPPLEMENT-HEFT.

MIT EINER TAFELN

(Claus, C., die Copepoden-Fauna von Nizza.)

MARBURG & LEIPZIG.

N. G. ELWERT'SCHE UNIVERSITAETSBUCHHANDLUNG.

1866.

DIE COPEPODEN-FAUNA VON NIZZA.

EIN BEITRAG

ZUR

CHARAKTERISTIK DER FORMEN UND DEREN ABÄNDERUNGEN

„IM SINNE DARWIN'S"

VON

Dr. C. CLAUS,

O. Ö. PROFESSOR DER ZOOLOGIE AN DER UNIVERSITÄT MARBURG

MIT 5 TAFELN.

MARBURG & LEIPZIG.

N. G. ELWERT'SCHE UNIVERSITÄTS-BUCHHANDLUNG.

1 8 6 6.

Unter den zahlreichen Forschern, welche die Lehre Darwin's von der Entstehung der Arten höher als eine bloss anregende und geistreiche Theorie veranschlagen, vielmehr als Boden einer fruchtbringenden Entwicklung der Wissenschaft dankbar aufnehmen und verarbeiten, hat jüngst der glückliche Zoolog von Desterro, Fritz Müller, den Versuch gewagt, durch eine möglichst in's Einzelne eingehende Anwendung auf eine bestimmte Thierclasse die Richtigkeit der Lehre zu erproben. Dass von dem hochgeschätzten Forscher zu diesem Zwecke gerade die Classe der Crustaceen gewählt wurde, liegt in der reichen Vielgestaltigkeit und in der morphologischen Vielseitigkeit der Gruppe begründet, innerhalb welcher man die Ausdrücke „Verwandtschaft, hervorgehend aus gemeinsamer Grundform" mehr als bildlich zu gebrauchen geneigt ist.

In seiner vortrefflichen Schrift „für Darwin" theilt Fr. Müller eine Fülle merkwürdiger Beobachtungen und auffallender Thatsachen mit, welche an der Hand Darwin's leicht und ungezwungen eine befriedigende Erklärung finden, und benutzt namentlich die Entwicklungsgeschichte gewissermassen als Urgeschichte der Arten zum Beweise für die genetische Verwandtschaft der einzelnen Crustaceengruppen.

Freilich wird sich auch der wärmste Anhänger der „natural selection" bei sorgfältiger Prüfung gestehen müssen, dass in dem neuen Beitrage mehr der eng geschlossene Zusammenhang geistvoller Deutungen als der entscheidende Beweis unwiderlegbarer Thatsachen zur Unterstützung der mächtig bewegenden Lehre wirksam ist. Selbst der höchst auffallende Fund zwiefacher Männchen bei *Tanais dubius* (?) und *Orchestia Darwinii* wird nicht vermocht haben, die Gegner der natürlichen Züchtung zu bekehren, da immerhin abweichende Deutungen der beobachteten Thatsachen nicht schlechterdings auszuschliessen bleiben. Ohne für meinen Theil gegen die Angaben Fr. Müller's Bedenken zu tragen, kann ich doch nicht umhin zu gestehen, dass eine scrupulöse Kritik immerhin die auch von Müller berührte Möglichkeit urgiren darf, dass die beiden männlichen Scheerenasseln verschiedenen Arten zugehören. Die „Packer" mit den langfingrigen Scheeren und mit den verhältnissmässig spärlichen Riechfäden, welche der Zahl nach so überwiegend auftreten, dass dieselben zu hundert auf einen „Riecher" kommen, werden als die Männchen der häufigen Art gelten können, deren Weibchen bei einfacher Durchmusterung des Materiales von den vielleicht in gleichem Maasse spärlicheren Weibchen der Riecher nicht zu unterscheiden waren. Erst eine sehr eingehende Vergleichung der Gliedermassen, eine Messung aller Körpertheile, die Verfolgung der Entwicklung wäre im Stande gewesen, die Unterschiede der sehr ähnlichen Formen klar aufzudecken. Gerade das Gebiet der kleinen Kruster gibt dem Bearbeiter zu Irrthümern dieser Art sehr häufig Gelegenheit. Formen, die man selbst bei mikroscopischer Prüfung für identisch hält, erweisen sich

1

bei eingehender Vergleichung der Körpertheile, insbesondere bei genauer Beobachtung der **Kiefer**, **Fühler** und **Beine**, nicht nur specifisch verschieden, sondern als Arten verschiedener Gattungen. Mit noch grösserem Rechte wird man vielleicht Bedenken tragen, die zwei Scherenformen am zweiten Beinpaare der männlichen *Orchestia Darwinii* im Sinne des trefflichen Forschers aufzufassen. Da nämlich auch für andere *Amphipoden*, insbesondere für *Phronima* verschiedene Scheeren als Entwicklungsformen abweichender Grössen und Altersstufen bekannt geworden sind, wird man ein ähnliches Verhältniss auch für den vorliegenden Fall zu vermuthen und die eine Scheerenform als die des jüngern, wenn auch schon geschlechtlich entwickelten Männchens zu betrachten geneigt sein. Immerhin bleiben diese Beobachtungen vom grössten Interesse und werden wahrscheinlich noch durch speciellere Untersuchungen Müller's eine über alle Zweifel erhobene Erklärung erhalten.

Wenn sich Fr. Müller auf eine Reihe bemerkenswerther Thatsachen, sowohl bezüglich des äussern und innern Baues, als der Lebensweise und der Entwicklung stützt, auf Thatsachen, welche erst im Lichte der Darwin'schen Lehre in einem überraschend einfachen und natürlichen Zusammenhang erscheinen, ohne dieselbe aber paradox und unerklärt bleiben, so wird man sicher von einer andern Seite aus durch eine möglichst eingehende Beobachtung der Einzelformen und ihrer Uebergänge, der geographischen Unterschiede der Arten und der nahe stehenden Arten zu allgemeinen Sätzen und Schlüssen gelangen, welche in gleicher Weise für jene Frage Material liefern. Zu einem solchen Zweck wird sich das eingehende specielle Studium einer bestimmten Crustaceenordnung und vielleicht am meisten wegen der so zahlreichen morphologischen Gesichtspunkte gerade derjenigen Ordnung empfehlen, mit deren Bearbeitung ich schon seit Jahren beschäftigt bin.

Die Bedeutung der *Copepoden* für einen derartigen Zweck war mir längst klar geworden und ich habe auf dieselbe bereits in der Einleitung zu meinem *Copepoden*werke hingewiesen, indessen unterliess ich es damals noch, die verhältnissmässig spärlichen mehr zerstreut mitgetheilten Beobachtungen zu Schlüssen zu combiniren. Inzwischen hat sich auch E. Haeckel in seinen Beiträgen zur Kenntniss der *Corycaeiden* noch bestimmter in gleichem Sinne ausgesprochen und sich selbst durch vergleichende Messungen von der Variabilität der Species überzeugt. Gewiss sagt jener Forscher, sind „die Crustaceen und die Gliederthiere überhaupt bei der starren und „festen Form ihrer äussern Chitinbedeckung besonders geeignet, für die Wahrheit der natürlichen „Züchtung und die Darwin'sche Descendenz-Theorie praktische Beweise zu liefern und den „grossen Breitegrad der oft so unscheinbaren und doch so äusserst wichtigen individuellen Ver-„schiedenheiten darzuthun, die sich ganz allmählig zu den auffallenderen Differenzen der Varietät, „Rasse, Subspecies und Species stufenweise erheben." „Gerade diejenigen Charaktere, welche man „hauptsächlich zur Unterscheidung der verschiedenen *Sapphirinen*-Arten mit Recht benutzt, die „relative Länge der einzelnen Antennenglieder, die Form, Lagerung und lüchtung der beiden „seitlichen und des medianen Auges, die Umrisse und Zähnelungen der Furcalplatten, haben „mir bei Vergleichung zahlreicher Individuen gezeigt, dass sie keineswegs unabänderlich sind, „sondern zahlreiche feine individuelle Abänderungen erkennen lassen. Dasselbe was sich hier am „harten Chitinpanzer in sehr klarer und bestimmter Weise zeigt, habe ich dann noch an den „eingeschlossenen weichen innern Organen in oft überraschender Weise wahrgenommen. So ist „z. B. die sehr leicht und sicher zu verfolgende Ausbreitung der Hautnerven und der einzelligen „Hautdrüsen keineswegs bei allen Individuen derselben Art constant und sogar oft auf der rechten „und linken Seite wesentlich verschieden. Sorgfältige Untersuchungen der Art führen gewöhnlich

„nicht, wie die meisten der Forscher noch jetzt meinen, zur Ueberzeugung von der Constanz der „Species, sondern umgekehrt zur Transmutationstheorie."

Ich habe seitdem durch einen mehrwöchentlichen Aufenthalt in Nizza Gelegenheit gehabt, von Neuem ein ziemlich reichhaltiges Material dieser kleinen Krebse eingehend zu durchmustern und bin, ohne von vornherein diese Absicht zu haben, durch die Schwierigkeit der Bestimmung und Zurückführung einiger Arten, durch den Vergleich der dortigen Fauna mit der von Messina und Helgoland allmählig von Neuem zu derselben Frage hingedrängt worden.

Dass die Copepodenfauna Nizza's mit der von Messina eine weit grössere Uebereinstimmung zeigt, als mit der nordischen, erscheint aus einfachen geographischen Gründen sehr natürlich. Indessen kommen einzelne besonders häufige nordische Formen auch im Mittelmeer und, soweit ich entscheiden konnte, unverändert vor wie z. B. *Irenaeus (Pontia) Patersonii*, eine auch im Atlantischen Ocean verbreitete *Pontellide*, ferner *Cetochilus helgolandicus*, von welchem sich der so wichtige als Wallfischspeise bekannte *C. septentrionalis* nur durch eine viel bedeutendere Grösse aber nicht specifisch unterscheidet, ferner *Tisbe furcata* und *Euterpe gracilis*. Andere Arten treten in geringfügigen Abänderungen auf, wie z. B. *Ichthyophorba denticornis*, deren Nizzaer Varietät sich durch eine auffallend schwächere Entwicklung aller für diese Art so charakteristischen Hakenfortsätze der vordern Antennen und des untern Brustsegmentes, sowie durch die geringere Grösse des männlichen Greiffusses unterscheidet. Sehr merkwürdig verhält sich, wie ich später noch ausführen werde, die Abänderung von *Ilius longiremis*. Wieder andere Arten sind durch nahe verwandte stellvertretende Formen ersetzt, die man dem Gesammtcomplexe ihrer Abweichungen nach eher als Arten, denn als Varietäten zu bestimmen geneigt ist. So wird zum Beispiel der nordische *Dactylopus Stroemii* durch den ebenfalls sehr verbreiteten *D. similis*, der nordische *Harpacticus chelifer* durch den nahe verwandten *H. nicaeensis* vertreten, beide Formen wiederum durch die Breite ihrer Abänderungen besonders interessant.

In ähnlicher Weise machen sich auch Abweichungen zwischen Nizzaer und Messinesischen Copepoden bemerkbar, deren Arten und Gattungen grösstentheils dieselben sind und theilweise auch wie es scheint unverändert (*Euchaeta atlantica = Praestandreae, Candace melanopus*) im Oceane vorkommen. Bemerkbare constante Unterschiede beobachte ich bei *Calanus mastigophorus*; als stellvertretende nahe übereinstimmende Art sehe ich *Harpacticus nicaeensis* und *H. gracilis* von Messina an.

Bevor ich auf die geographischen Varietäten näher eingehe, wird es nöthig sein, die Abänderungen etwas näher in's Auge zu fassen, welche einzelne Copepodenspecies an gleichem Orte darbieten. Dass dies vorzugsweise gerade die verbreitetsten und häufigsten Species sind, erscheint kaum auffallend, weil dieselben den verschiedensten Einflüssen ausgesetzt und an einer unverhältnissmässig grössern Individuenzahl die Folgen der individuellen Variation erleiden, auch von dem Beobachter in weit grösserer Anzahl durchmustert werden. Die Abänderungen selbst betreffen theils geringfügige systematisch kaum verwendbare Verhältnisse, theils die wichtigsten bei der Charakterisirung der Arten gerade am meisten benutzten Körpertheile, sie beziehen sich auf Färbung und Grösse des Körpers, auf Form und Länge der Furca, auf das Grössenverhältniss einzelner Extremitätentheile, insbesondere der Glieder an den vordern Antennen, auf die Borstenanhänge und sogar auf die Gestalt und Bildung des Auges und die Nervenausbreitungen. Ich bin aber überzeugt, dass ausgedehntere Vergleiche, als sie mir auszuführen möglich waren, die gleiche Variabilität für eine weit grössere Zahl äusserer und innerer Körpertheile nachweisen werden. Individuelle Abänderungen der Farbung finden sich besonders da , wo Pigmente in den Untergeweben der Haut als ramificirte unregelmässige Flecken sich ablagern, wie z. B. bei *Temora finmarchica, Calanus mastigophorus* u. a. und lassen sich zum Theil auch auf zufällige Umstände, wie die Art der Ernährung und des Darminhaltes, sowie auf die mehr oder minder vorgeschrittene Reife der Ovarien etc. zurückführen. Derartige in fast allen Thierclassen so häufig vorkommende Variationen der Färbung, deren Werth man von vorn herein sehr gering zu beurtheilen pflegt, werden wahrscheinlich unmittelbar durch den direkten Einfluss der äussern Lebensbedingungen, des Mediums, der Temperatur, der Ernährung hervorgerufen. Wichtiger sind bereits die Grössenunterschiede des Körpers, für welche oft vorwiegend die Wirkung natürlicher Züchtung neben dem direkten Einflusse äusserer Lebens- und Ernährungsverhältnisse in Betracht zu kommen scheint. Es bedarf kaum der Erwähnung, dass die zur Erkennung der Species angeführten Grössenangaben nur auf die mittlere Durchschnittsgrösse Bezug haben und dass im Einzelnen zahlreiche Schwankungen über und unter dieser Mittelzahl eintreten. Diese allgemein gültigen und kaum überhaupt noch bemerkenswerthen Grössen-Unterschiede für die Individuen jeder Art kann ich natürlich hier weniger im Auge haben. Dagegen scheint mir die Thatsache bemerkenswerth, dass einige sehr häufige Arten in einer grossen und einer kleinen Varietät nebeneinander leben, ohne dass man die Zwischenformen beobachtet. Diese letzteren mögen vorhanden sein, sicher aber treten sie weit seltener auf und entziehen sich desshalb der Beobachtung. Derartige Varietäten kenne ich von *Dactylopus similis*, deren grössere Form 1,2 mm. bis 1,3 mm. misst, während die kleinere auf 0,7 mm. reducirt bleibt, ferner bei *Antaria mediterranea* von Messina. Hier scheint mir die natürliche Züchtung für einfache Grössenvarietäten ein ganz ähnliches Verhältniss zu bedingen, wie für weiter von einander entfernte Varietäten und Arten, nämlich den theilweisen oder vollständigen Ausfall der Zwischenglieder. Schwerlich werden allerdings die Grössen-Differenzen für sich allein ohne geringe Abänderungen anderer Körpertheile bestehen, deren Nachweis aber grosse Schwierigkeiten bietet. Indessen gibt es auch Arten, die in sehr bedeutenden Grössenunterschieden schwanken, ohne dass die Mittelformen der Zahl nach zurücktreten, wie z. B. die sehr verbreitete und auch in anderer Hinsicht mehrfach variable *Tisbe furcata* von Nizza, deren Individuen (inclusive der Schwanzborsten) zwischen 1,4 mm. und 2,3 mm. schwanken.

Unter den zunächst ebenfalls auf abweichende Grössenverhältnisse zurückführbaren Abänderungen bestimmter Körpertheile haben die Furcaläste und die Glieder der vordern Antennen eine besondere Bedeutung, vielleicht auch desshalb, weil diese Theile gerade am leichtesten dem Beobachter in die Augen fallen und zur Charakterisirung der Arten fast überall in Verwendung kommen. Schon früher machte ich in dieser Hinsicht auf einen *Cyclops serrulatus* mit ganz ungewöhnlich verlängerter Furca aufmerksam. Ganz ähnlich sind die Schwankungen in der Länge dieses Anhangs und auch der Furcalborsten bei der grössern Varietät von *Antaria mediterranea* (vergl. die bezügliche Tabelle). Auch bieten die *Corycaeus*arten in der Länge der Furcalanhänge, wenngleich minder auffallende, individuelle Schwankungen.

Häufiger schon sind individuelle Unterschiede in den Grössenverhältnissen der aufeinander folgenden Glieder der vordern Antennen. Bei *Harpacticus nicaeensis* zeigte sich mehrmals das dritte und vierte Antennenglied bedeutend verlängert (vergl. die entsprechende Tabelle) und bei einer sehr grossen Form von *Tisbe furcata* das Grössenverhältniss einzelner Glieder merklich abweichend; an der letztern Form beobachtete ich gleichzeitig einen ungewöhnlich grossen Nebenast der hintern Antenne mit sehr langgestrecktem Endgliede (Tafel IV. Fig. 16). Bei *Dactylopus similis* variirten dagegen besonders auffallend das fünfte und sechste Antennenglied, wie auch der nahe verwandte *D. Stromii* von Helgoland an ganz denselben Gliedern eine ähnliche Variabilität der Grösse bemerken liess. Ich lege auf diese Analogie ein um so grösseres Gewicht, als dieselbe den Beweis liefert, dass bei zunächst stehenden, gewissermassen stellvertretenden Arten genau die nämlichen Körpertheile von ähnlichen Abänderungen betroffen werden können (vergl. die betreffende Tabelle). Indessen scheint *D. Stromii* zu noch grössern Abänderungen geneigt, da auch das vorletzte siebente Antennenglied eine verschiedene Länge darbietet, ja sogar in zwei scharf gesonderte Glieder zerfallen kann. In diesem von mir nur einmal beobachteten Falle besassen die vordern Antennen 9 Glieder und zwar unter ganz ähnlichen Grössenverhältnissen der Endglieder, wie dieselben für die Arten einer andern Gattung, nämlich für die Gattung *Thalestris* charakteristisch sind. Unter den 13 mir bekannten Species von *Dactylopus* haben bei weitem die meisten 8gliedrige Antennen, zwei Arten allerdings 6gliedrige und je eine Art 7 und 9gliedrige Antennen. 9gliedrige Antennen sind mir bis jetzt von keiner *Dactylopus*art bekannt geworden, während dieselben für alle *Thalestris*arten mit einer einzigen Ausnahme Geltung haben. Man sieht daher, dass durch individuelle Abänderungen sogar Eigenschaften zu Tage treten können, welchen man den Werth eines untergeordneten Gattungs-Charakter's beizulegen geneigt ist. Uebrigens weichen auch nahe verwandte Arten der Gattung *Harpacticus* in ganz der nämlichen Weise durch die vordern Antennen ab, indem die mediterranen 9gliedrige, die nordischen 8gliedrige Antennen besitzen. Man könnte sich diese Unterschiede sehr einfach mittelst der natürlichen Züchtung erklären.

Kleinere und grössere individuelle Abänderungen zeigen sich überhaupt an allen aussern Körpertheilen. Seltener combiniren sich dieselben schärfer ausgeprägt in der Weise, dass man mehrere nebeneinander bestehende Varietäten unterscheiden muss, deren Unterschiede unmöglich als specifische angesehen werden können, obwohl die Uebergänge fehlen. Man wird in solchen Fällen den Einfluss einer seit längerer Zeit wirksamen natürlichen Züchtung voraussetzen können. Höchst interessant und wichtig erscheinen mir in dieser Hinsicht zwei gleich häufige Abänderungen des bereits erwähnten *Harpacticus nicaeensis*, welche beide in der Länge des dritten und vierten Antennengliedes variiren. Die kräftigere, im Durchschnitt auch grössere Form zeigt einen plumpern stärkern Körperbau und dürfte als die minder bewegliche, aber zu einem bedeutenderen Kraftaufwande befähigte Abart anzusehen sein. Ihre vorderen Antennen sind gedrungen, mit verhältnissmässig kurzem dritten und vierten, dagegen längerem zweiten Gliede. Die untern Kieferfüsse enden mit einer weit dickern kräftigern Greifhand; die stärkern Greifarme des ersten Fusspaares sind mit ansehnlichen und doppelt bekerbten Haken bewaffnet, die Füsse, insbesondere die des letzten Paares, sind ebenfalls stark und gedrungen, alle Borstenanhänge zeigen eine grössere Neigung zur Entwicklung von Seitenfiedern. Die schlankere und im Durchschnitt etwas kleinere Abart besitzt längere Antennen, deren drittes und viertes Glied eine bedeutendere Streckung erlangt, schwächere Greifapparate der untern Kieferfüsse und des vorderen Fusspaares, sowie eine dünnere und schlankere Form der Extremitäten. In dem besonderen Bau und in der Gestaltung aller Körpertheile, in der eigenthümlichen Anordnung der Borsten, in dem Spitzenbesatz der Abdominalsegmente, kurz in allen speciellen bei verschiedenen Arten abweichenden Gestaltungsverhältnissen herrscht eine auffallende Uebereinstimmung. Bei einer nicht einmal oberflächlich zu nennenden Untersuchung bleiben die hervorgehobenen Unterschiede leicht theilweise verborgen, und ich war anfangs geneigt, die Formen als individuelle Abweichungen anzusehen; später nach eingehender Untersuchung aller Körpertheile war es mir kaum mehr zweifelhaft, dass wir zwei mit verschieden nützlichen Eigenschaften begabte Abänderungen vor uns haben, eine schwächere, aber schnellere, beweglichere, und eine plumpere, aber um so kräftigere und mit stärkern Waffen ausgerüste Abart. Beide stehen zwar insofern gesondert da, als Zwischenformen mit combinirten Eigenschaften nicht nachgewiesen waren; nur die allerdings auch im Allgemeinen zur Unterscheidung verwendbaren vorderen Antennen zeigten in beiden Reihen die Tendenz zu ähnlichen Abänderungen (vergl. die bezügl. Tabelle). Jedenfalls erscheinen die Verschiedenheiten aller von einander abweichenden Körpertheile nicht so tiefgreifend, dass sie nicht einzeln oder auch in Combinationen hätten allmählig erworben sein können. Indessen liessen sich die Unterschiede in der relativen Grösse der Greiforgane und in der Form der Hakenborsten bis zu den letzten Jugendstadien zurückverfolgen, die also schon von der Wirkung der natürlichen Züchtung betroffen sein mussten. Man hätte vielleicht auch beide Formen als verschiedene Arten betrachten können, eine Auffassung, die mir nach einer vergleichenden Werthschätzung der Merkmale nicht begründet schien. Freilich sind wir gewohnt, bei der praktischen Abgrenzung von Varietät und Art fast überall da eine neue Art festzustellen, wo der Nachweis von Verbindungsgliedern fehlt, doch glaube ich, dass gerade in dieser gedankenlosen Gewohnheit, welche jede kritische Untersuchung über den Werth der Merkmale überflüssig macht, die Ursache liegt, weshalb sich so unzählig viele schlechte Arten in die Wissenschaft eingebürgert haben. Auch bei Varietäten, deren Entstehung nachweisbar ist, bestehen doch wahrlich die Zwischenglieder nicht überall fort; gerade durch das Verschwinden der Uebergangsformen heben sich erst die Varietäten und Raçen als solche schärfer ab. Wenn daher unsere Gegner ihre Auffassung von der Unveränderlichkeit der Art auf den Mangel von Zwischenformen verschiedener Arten stützen, so vergessen sie ganz, dass auch für die meisten Varietäten dieser Nachweis in der von ihnen verlangten Art gar nicht zu führen ist.

Entschieden bedeutender sind die Unterschiede der bereits von mir als Varietäten unterschiedenen Abänderungen von *Sapphirina fulgens*, welche E. Haeckel als Arten von einander trennte, und ich schliesse mich dieser Auffassung des ausgezeichneten Bearbeiters der *Corycaeiden* gern an, obwohl sich hier in der That mehrfache Uebergänge in den zur Unterscheidung benutzten, aber immerhin variabeln Organe nachweisen lassen. Auch die beiden *Sapphirinella-* oder *Hyalophyllum*-arten scheinen mir nahe stehenden Abänderungen zu entsprechen, welchen eine gewisse Variabilität ganz besonders im Bau des Auges geblieben ist. Schon in meinem Copepodenwerke machte ich darauf aufmerksam, dass zwei hintere lichtbrechende Körper, welche von Fäden getragen, wie zwei Tropfen vor den seitlichen Krystallkugeln liegen, fehlen können und, wenn sie vorhanden sind, einen sehr verschiedenen Umfang besitzen. Nach nochmaliger Durchsicht meiner Zeichnungen glaube ich noch hinzufügen zu müssen, dass auch das mediane Augenbläschen nicht immer vorhanden ist, ein Unterschied, welcher bei einseitiger Berücksichtigung zur Sonderung verschiedener Arten oder selbst Gattungen führen muss.

Ausser diesen Abänderungen, Varietäten und nahe stehenden Arten, welche sich an demselben Orte neben einander beobachten lassen, habe ich zwischen identischen Arten der Nordsee und des Mittelmeeres eine Reihe von Unterschieden verfolgen können, für deren Auftreten zugleich der Einfluss ungleicher äusserer Lebensbedingungen, des verschiedenen Ortes und Klima's in Betracht kommen möchte. Auch hier zeigen sich ganz ähnliche Richtungen der Abänderungen. Den geringsten Werth lege ich wiederum auf Unterschiede der Pigmentirung und Färbung, höher schätze ich bereits Grössenabweichungen, welche am auffallendsten an dem sowohl durch massenhaftes Vorkommen, als durch weite Verbreitung ausgezeichneten *Cetochilus septentrionalis* auftreten.

Der kleine von mir als *helgolandicus* unterschiedene *Cetochilus*, welcher in ganz der nämlichen Form auch im Meere von Nizza heimisch ist, gehört, wie ich nach detaillirter Vergleichung behaupten kann, mit einer vielleicht das Dreifache des Körpervolum's erreichenden Art zusammen, in welcher ich Goodsir's *Cet. septentrionalis* zu erkennen glaube. Auch hat jüngst G. S. Brady[1]) sich in gleicher Weise über die Identität von *Cet. septentrionalis* und *helgolandicus* ausgesprochen. Wichtiger sind Abweichungen gleicher Arten in der Bildung ein- oder mehrfacher Körpertheile.

Der kleine *Calanus mastigophorus* von Messina, welcher sich durch die lange peitschenförmige Endborste der vordern Antennen auszeichnet, tritt auch im Meere von Nizza, hier aber ohne diese ungewöhnlich lange Endborste auf.

Sehr merkwürdig ist eine Verschiedenheit in der Form der männlichen Greiffüsse bei *Dias longiremis*. Während die weiblichen Thiere von Nizza mit denen Helgoland's in allen Theilen wesentlich übereinstimmen, besitzt der männliche Greiffuss der Nizzaer Form weit stärkere Haken und Fortsätze (Taf. I. Fig. 12.), welche, wie es scheint, eine kräftigere Befestigung während der Begattung gestatten. Man beobachtet hier, wie bei *Orchestia Darwinii*, zwei verschiedene Männchen innerhalb derselben Art, freilich an entfernten Orten und wird sich deren Abweichungen sehr einfach als Folge der vielleicht durch die verschiedenen Bedingungen der Oertlichkeit unterstützten natürlichen Züchtung erklären können. Zwischenglieder in der Form der Hakenfüsse habe ich durchaus vermisst, obwohl ich eine Anzahl von Exemplaren von beiderlei Fundorten vergleichen konnte. Jedenfalls sind die Unterschiede des fünften Fusspaares im männlichen Geschlechte so auffallend, dass sie bei verschiedenen Arten als unterscheidende Merkmale herangezogen würden.

Ein Beispiel von combinirter Abänderung mehrfacher Körpertheile bietet *Ichthyophorba denticornis* von Nizza und Helgoland. Die erstere Form bleibt nicht nur kleiner als die gleiche nordische Art, sondern zeigt verhältnissmässig weit schwächere Hakenfortsätze an den vordern Antennen, verkümmerte Ausläufer an den untern Winkeln des letzten Brust-segmentes und schwächere Greiffüsse im männlichen Geschlecht. Sie steht hinsichtlich ihrer Grösse und ihres Körperbaues zwischen *Ichthyophorba denticornis* und *angustata* der Nordsee, ist geradezu eine Uebergangsform dieser Arten zu nennen, freilich nach dem Art-Begriffe, welchen die Schule in die wissenschaftliche Untersuchung hineinträgt, nur zum Beweise, dass jene beiden Formen eben keine „guten Arten" sind. Mag man dieselben aber Arten oder Varietäten nennen, sie bestehen, soviel ich weiss, ziemlich scharf abgegrenzt neben-einander mit Abzeichen, deren Werth den Unterschieden der meisten als Arten gesonderten Formen gleich kommt. Der Gegner von der Entstehung der Arten auseinander pflegt freilich, um Darwin und seinen Lehren sich anschliessen zu können, den Nachweis von Zwischengliedern und Verbindungsformen verschiedener Arten zu verlangen. Gelingt es aber einmal vermittelnde Glieder, welche nach den Principien der natürlichen Züchtung ausserordentlich selten sein müssen, ihm vorzuzeigen, so erkennt er in denselben eben nur den Beweis, dass die beiden Arten keine „echten Arten", sondern Varietäten sind, oder dass auch die Zwischenform einer besonderen Art entspricht. Es fehlt ihm dann immer noch der für niedere Thiere zur Artbestimmung so selten zu führende Nachweis von der Unfähigkeit der Kreuzung zur Erzeugung fruchtbarer Nachkommen. Indessen will es mir scheinen, als ob auch diese für den Artbegriff wichtigste Seite einem

---

1) Reports of deep sea dredging on the coasts of Northumberland and Durham. Pelagic Entomostraca, by George S. Brady. — Natural History Transactions of Northumberland and Durham. Vol. I.

unnahbaren Verstecke zu vergleichen sei, welches für alle Fälle einen gedeckten Rückzug biete, und als ob sich die Schule in einem Cirkel bewege, indem sie den *Beweis* mit der *Voraussetzung des Begriffes* führt. Mit Recht glaubt D a r w i n aus der Zusammenstellung zahlreicher Thatsachen schliessen zu können, dass die Fruchtbarkeit der Varietäten unter einander keineswegs allgemeine Regel sei und mithin auch nicht als Criterium zur Unterscheidung von Arten und Varietäten gelten dürfe. Die Schule aber wird jede unfruchtbare, im Natur-Zustande auftretende Varietät für eine Art erklären, und umgekehrt wird sie Arten, aus denen es gelingt, durch Kreuzung eine fruchtbare und bis zu einem bestimmten Grade persistente Zwischenform zu erzielen, zu Varietäten oder Raçen herabsetzen. Ein sehr einleuchtendes Beispiel dieser Art scheint mir der Hase und das Kaninchen zu bieten, aus denen R o u y in *Angoulême* die Mischungsform der *Liévres-Lapins* durch zahlreiche Generationen züchtete. Bevor diese Mischungsform existirte, betrachtete man beide Thiere, welche im Naturzustande keine fruchtbare Zwischengeneration erzeugt haben, als Arten, jetzt auf einmal sieht die Schule in jener Thatsache den Beweis, dass bisher die Unterschiede von Hasen und Kaninchen überschätzt wurden, und beide Thiere nur Varietäten sind.

Mit demselben Rechte aber, mit welchem wir in unserer Copepodengruppe die Unterschiede von Arten, welche sich in der Regel nicht kreuzen und sicherlich zu keiner Mischungsform vereinigen, auf eine Summirung von Abänderungen zurückführen können, welche einzeln oder auch in Combinationen in Varietäten nachweisbar bestehen, mit demselben Rechte werden wir, glaube ich, mit D a r w i n die Unfruchtbarkeit derjenigen Abänderung, welche wir Art nennen, als eine mit andern erworbenen Verschiedenheiten zusammenhängende, auf den grösseren Abstand der Organismen zurückführbare Eigenschaft erklären können.

Eine eingehendere und mehr methodische, auf zahlreichere Körpertheile ausgedehnte Vergleichung wird sicher spätere Forscher, denen es vergönnt ist, ein umfassenderes Material verschiedener Meere in der von mir bezeichneten Weise zu untersuchen, zu einer Reihe für die D a r w i n'sche Frage überzeugenderer Resultate führen. Es bleibt mir nach dieser allgemeinern Darlegung übrig, zu dem speciellern Theile meiner Beobachtungen überzugeben und die einzelnen in N i z z a beobachteten Arten von *Copepoden* näher zu beschreiben.

1. Calanella hyalina nov. sp.

Eine der grössten und schönsten *Copepoden* des Mittelmeeres, mit äusserst hellem, fast durchsichtigem Körpergewebe. Von der bereits bekannten C. *mediterranea* unterscheidet sich diese Art ausser der bedeutendern Grösse besonders durch die Zahl der Abdominalsegmente des Weibchens und durch die Trennung der beiden letzten Segmente der Brust. Die Körperlänge beträgt ohne die sehr lange, bald rechtsseitige, bald linksseitige Schwanzborste 7 — 8 mm. Das Abdomen zeigt vor dem letzten mit der Furca verschmolzenen Abschnitte nicht zwei, sondern drei Segmente. Kopf und Brust sind verschmolzen, jedoch die beiden letzten Segmente der Brust von einander abgegrenzt, das letzte in zwei spitze Höcker auslaufend und nicht wie bei C. *mediterranea* einfach abgerundet. Die vordern sehr langen Antennen bestehen aus 23 Gliedern, welche ansehnlichere Grössenverhältnisse zeigen als die Antennenglieder jener Art, aber mit ungefärbten, nicht mit orangegelben Fiederborsten enden. Stirn, Auge, Mundtheile, Füsse und Schwanzborsten stimmen wesentlich mit C. *mediterranea* überein. Im männlichen Geschlechte erscheint hier wie dort die Stirn minder vorstehend und abgerundet.

2. C. mediterranea Cls.

Diese zweite Form schliesst sich nicht nur durch ihre Grösse, sondern auch durch die Bildung der Brust und des Hinterleibes unmittelbar an *C. mediterranea* Messina's an. Eigenthümlich ist derselben jedoch eine charakteristische Pigmentirung der Antennen und der Brust, welche vielleicht die Unterscheidung einer besondern Varietät rechtfertigen. An der Bauchfläche der vier Brustsegmente finden sich nämlich ebensoviele Paare von rothbraunen Kugeln, ein ähnlicher runder Fleck wird an dem 6ten Gliede der vordern Antennen beobachtet und endlich zahlreiche kleinere Pigmentflecken an der Antennenspitze. Auch die gespaltene Unterlippe enthält rothe Pigmentanhäufungen, vielleicht auch zuweilen in Gestalt eines Querstreifens, den Leuckart für die Unterlippe von *Calanus erythrochilus* hervorhebt. Dass diese letztere Form eine *Calanella* ist, möchte aus der von Leuckart gegebenen Abbildung zur Genüge hervorgehen, obwohl dieselbe freilich die Gliederung der Mundtheile nicht ganz richtig darstellt. Wahrscheinlich sind beide Namen auf dieselbe Form zu beziehen.

Zu einer der beiden *Calanella*arten gehört aller Wahrscheinlichkeit nach die schmale fast stabförmige Larve, welche ich auf Taf. V. Fig. 22 abgebildet habe. Dieselbe misst circa 2,3 mm., zeichnet sich durch die ungewöhnliche Streckung aller Segmente aus und durch eine unpaare sehr lange Schwanzborste, in welche sich *das der Furca entsprechende, noch nicht gespaltene Endglied* fortsetzt. Das Auge ist einfach. Die Antennen- und Mandibularfüsse sind noch ausschliesslich die locomotiven Extremitäten, die nachfolgenden Mundtheile indessen und 2 ersten Fusspaare bereits angelegt. Es schliesst sich somit auch die Entwicklung dieser marinen *Calanide* genau an die von *Cyclops* und *Cyclopsine* an.

3. Cetochilus helgolandicus Cls. = C. septentrionalis Goodsir.

Ich sehe aus dem sehr verbreiteten Vorkommen dieses schlanken, röthlich gelben *Copepoden* auch im Meere von Nizza, dass der von mir früher gewählte Speciesname nicht bezeichnend ist. Ueber die Identität der Nizzaer Form mit der des nordischen Meeres kann nach mehrfacher Vergleichung kein Zweifel bleiben, indessen muss ich bemerken, dass ich die Grösse des Körpers früher etwas zu bedeutend angegeben habe, da weder die Helgolander noch die Nizzaer Form über 3 — 3½ mm. erreichen. Der sonst sehr ähnliche *C. septentrionalis*, den ich inzwischen in mehrfachen aus der Sammlung des Herrn Godeffroy stammenden Exemplaren untersuchen konnte, erreicht die bedeutendere Grösse von 4½ mm., scheint aber sonst nicht specifisch verschieden zu sein. Besonders charakteristisch ist neben der Gestalt der Antennen und Mundtheile die feine Bezähnelung am Basalgliede des fünften Schwimmfusses; auch ein grosser gestreckter Fettstreifen durchsetzte den ganzen Vorderleib hinter und zu der Seite des Darmkanals. Am häufigsten fanden sich junge, vor der letzten Häutung stehende Weibchen, die zwar schon die volle Gliederung der Antennen besassen, aber leicht an den zweigliedrigen Schwimmfüssen des fünften Paares und an der abweichenden Gestalt des gliedrigen Abdomens erkannt wurden, dessen zwei vorderen Ringe gesondert waren, während sich die beiden letzten noch zu einem einzigen Abschnitte verschmolzen zeigten. Jüngere Formen sind nur 2 mm. lang und besitzen zwar schon die vollzählige Gliederung der Antennen und 5 Fusspaare, aber nur drei Segmente des Abdomens, von denen das letzte sehr langgestreckt ist. Die Füsse tragen, mit Ausnahme des letzten Paares mit einfachen ungegliederten Aesten, zweigliedrige Ruderäste. Noch jugendlichere Entwicklungsformen, die sich ebenfalls in ziemlicher Anzahl vorfinden, erreichen nur 1½ mm., besitzen 4 Schwimmfusspaare und ein zweigliedriges Abdomen. Das fünfte Fusspaar ist allerdings bereits an dem gesonderten fünften Brustsegmente als ein Paar kurzer Doppelplatten angelegt, ohne als Schwimmfuss in Betracht zu kommen und steht kaum auf der Stufe des fünften Fusses der *Harpactiden*.

4. Calanus mastigophorus Cls. (Taf. I. Fig. 1., Taf. V. Fig. 20 u. 21).

Diese im Meere von Messina zuerst beobachtete Form findet sich ebenfalls bei Nizza und gehört zu den verbreitetesten kleineren Copepoden des dortigen Meeres, besitzt indessen eine kürzere und schwächere Endborste der vorderen Antenne. Zur Ergänzung will ich nachträglich bemerken, dass neben der langen Borste am Endgliede der Antenne noch eine zweite schmächtigere Borste aufsitzt, die ich in der Abbildung (Claus, *Copepoden* Taf. XXVII. Fig. 5.) nicht dargestellt habe, aber bei nochmaligem Vergleiche auch an dem von Messina stammenden Präparaten finde. Die Färbung des Körpers ist gelblich, dort mehr pigmentirt; das Ovarium erstreckt sich im ausgebildeten Weibchen vor der Eierablage durch den ganzen Vorderkörper in ähnlichen Ramificationen wie bei *Cyclops*. Einer Berichtigung bedürfen ferner meine frühern Angaben über die Bildung des fünften männlichen Fusspaares. Wenn ich in der Beschreibung der Gattung *Calanus* hervorhob, dass wir im männlichen Geschlechte die Verwendung zu Greif- und Fangorganen vermissten, so stützte sich jene Angabe, wie ich jetzt sehe, auf die Untersuchung unreifer noch vor der letzten Häutung stehender Männchen, welche allerdings sehr kurze und verkümmerte hintere Füsschen tragen. Wie die von *Calanus parvus* abgebildeten Füsschen (Taf. XXVII. Fig. 4.) verhalten sich genau die Füsschen unserer Art, **aber im Stadium vor der letzten Häutung**, das linke Füsschen ist 4gliedrig, das rechte 2gliedrig und ganz rudimentär. Der Hinterleib dieser jungen noch unreifen Männchen besteht auch nur aus 4 Segmenten, von denen das vordere kurz, das hintere aber als das noch nicht zur Sonderung gelangte vierte und fünfte Segment besonders umfangreich ist. Bei einem andern neuen *Calanus*[1]), dessen Untersuchung ich der Güte des Herrn G. S. Brady aus Sunderland verdanke, finde ich beide Füsschen viergliedrig, allerdings auch hier das linke etwas grösser als das rechte. Das Weibchen dieser Art, welche der Grösse nach zwischen *Calanus parvus* und *mastigophorus* steht, in der Form der allerdings stärkeren 24gliedrigen Antennen der ersteren Art näher steht, aber ein weit schlankeres, längeres Abdomen und überhaupt eine gestreckte Körpergestalt besitzt, entbehrt nun des *fünften Füsschens* vollständig, ähnlich wie *Euchaeta*, *Undina* etc. Beim ausgebildeten Männchen dagegen sind beide Füsse Greiforgane (Taf. I. Fig. 1.), der linke fünfgliedrig und mehrfach geniculirend, der rechte viergliedrig mit sehr langem borstenförmigen Endgliede. Und ähnlich finde ich beim Männchen des *C. mastigophorus* von Messina neben dem verkümmerten zweigliedrigen Füsschen der rechten Seite einen langen viergliedrigen linken Greiffuss. Ich glaube kaum zu irren, wenn ich auf unsere *Calanus*art eine sehr merkwürdig bewaffnete kleine Larve beziehe, welche überaus häufig zur Beobachtung kommt und bereits alle Anhänge des letzten *Nauplius*stadiums trägt. Dieselbe (Taf. V. Fig. 20 u. 21.) misst kaum 0,4 mm., hat eine birnförmige Gestalt und trägt an den bereits deutlich gesonderten Segmenten des Schwanzes eine kräftige Bewaffnung schräg

---

1) Vergl. den lateinischen erschienenen Aufsatz: Reports of deep sea dredging on the coasts of Northumberland and Durham, Pelagic Entomostraca by George S. Brady. Natur. Hist. Transact. of Northumb. and Durham Vol. I.

hervorragender Dornen. Wie gewisse Zoëalarven durch lange, an der Stirn, auf dem Rücken oder auch am Hinterleibe angebrachte Stacheln geschützt werden, so besitzt unsere Larve eine ähnliche Einrichtung des Schutzes in 2 langen stachelförmigen, weit auseinander gespreizten Endborsten, in welche das noch nicht gespaltene Furcalsegment ausläuft.

6. Temora armata Cls. (Taf. I. Fig. 10).

Die Nizzaer *Temora* stimmt in fast allen ihren Theilen genau mit der in Messina beobachteten *T. armata* überein, entbehrt jedoch der bräunlichen Pigmentirung und ist gelblich weiss, auch durch eine etwas bedeutendere Körpergrösse ausgezeichnet. Bei der Untersuchung der Schwimmfüsse und Vergleichung derselben mit denen der Messinesischen Form stellte es sich heraus, dass in dem Baue derselben unsere Form sehr bestimmt von der nordischen *T. finmarckica* abweicht. Der Innenast des ersten Schwimmfusspaares ist nämlich nicht einfach, sondern zweigliedrig, wie alle nachfolgenden, der äussere Ast der nachfolgenden Paare nicht dreigliedrig wie der des ersten Paares, sondern nur zweigliedrig, in dem die gelenkige Sonderung der beiden untern Glieder fehlt. Hiernach würde auch an den Charaktern der Gattung, welche besonders von der Zergliederung der Helgolander Art abgeleitet waren, die Angabe über die Schwimmfüsse in folgender Weise abzuändern sein: *Pedum primi paris ramus internus simplex vel biarticulatus* etc. Das Füsschen des fünften Paares (s. Fig. 10.) kommt der entsprechenden Gliedmasse von *Candace* am nächsten.

6. Ichthyophorba denticornis var. nicaeensis Cls. (Taf. I. Fig. 11).

Körper ohne die Schwanzborsten etwas über 1½ mm., mit denselben kaum 2 mm. lang, mit gelbrothen Flecken und violettem Scheine. Das braunrothe Auge schliesst sich mit allen Charakteren an die etwas grössere nordische Art an, auch sind die drei Hakenfortsätze der vordern Antennen merklich kleiner, ebenso die des letzten Brustsegmentes viel unbedeutender; insbesondere verkümmert der Fortsatz am Winkel der rechten Seiten. Auch ist die Zange des männlichen Greiffusses schwächer, indessen genau so wie dort gebaut und an dem einen Arme gezahnelt oder besser quergerieft, auch erscheint der Aussenast der linken Seite etwas gekrümmt und am Endgliede mit zwei Randdornen bewaffnet, indessen zweigliedrig (Fig. 11.) und nicht dreigliedrig, wie ich früher durch das gekrümmte Basalglied getäuscht, irrthümlich angab (Claus, *Copepoden* Taf. XXXV. Fig. 9). Die Form nähert sich indessen bereits der *I. angustata*.

7. Undina rostrata n. sp. (Taf. I. Fig. 2).

Die Nizzaer *Undina* erweist sich nicht nur durch ihre weit geringere Grösse, sondern auch durch eine Reihe von Merkmalen von der Messinesischen verschieden. Ihr röthlich brauner Körper besitzt ein rothes einfaches Auge und erreicht mit sammt den Schwanzborsten etwa die Länge von 3 mm.; vorzugsweise erstreckt sich die Pigmentirung auf die Bauchfläche des Vorderkörpers und die Basis der Schwimmfüsse. Der einfache Schnabel ist von ansehnlicher Grösse und ragt mit dem frontalen Sinnesorgane deutlich bemerkbar zwischen den vordern Antennen hervor. Diese wie überhaupt alle Gliedmassen der Brustsegmenten in ihrer Gliederung sehr genau mit denen der messinesischen Art überein. Sie reichen bis über die Spitze der Furca hinaus und tragen an ihrem 3., 7., 8., 13., 17., 23. u. 24. Gliedern eine lange Borste. Auch hier bleibt das Endglied sehr kurz und trägt zwei rechtwinklig abstehende Borsten, von denen die grössere wie die Endborste von *Calanus mastigophorus* alle andern überragt. Die untern Antennen unter-

2*

scheiden sich von jener Art durch einen grössern Hauptast, der wenigstens dem gestreckten untern Gliede des Nebenastes gleich kommt, während er dort als ganz rudimentärer Anhang kaum halb so lang wird. Streng nach den Charaktern der Gattung zeigen sich die Mandibeln, Maxillen und Maxillarfüsse (Claus, *Copepoden* Taf. XXXI. Fig. 11, 12, 13.) von denen die untere in doppelter Geniculation fast bis zur Stirn reichen. Von den 4 Schwimmfusspaaren bleibt der äussere Ast des ersten Paares zweigliedrig und ohne den sägeartig gezähnten Dorn, welchen die Endglieder der übrigen Füsse tragen, der innere Ast ist eingliedrig, auch ist der innere Ast des zweiten Paares in beiden Arten einfach und nicht wie ich früher irrthümlich angegeben, zweigliedrig. Der fünfte Fuss fehlt beim Weibchen vollständig, wie auch die Sonderung des entsprechenden Leibesringes vermisst wird. Als besondere Eigenthümlichkeit wie es scheint der Gattung fällt die Weite und Länge des Darmkanals in die Augen, der im unteren Abschnitte des Kopfbruststückes, im ersten Thoracalsegmente, sich schräg aufwärts nach hinten biegt und dann nach abermaliger Krümmung in der Länge der Brustsegmente herabläuft. Das Abdomen ist breit und kurz geringelt, viergliedrig ohne den zapfenförmigen Auswuchs am Genitalsegmente, die vier Endborsten der kurzen Furca haben unter einander die gleiche Länge, etwa die des Hinterleibes.

8. Euchaeta Praestandreae Philippi = atlantica Lubb.

In Nizza kommt dieselbe *Euchaeta* vor als in Messina, und habe ich mich auch inzwischen durch die Untersuchung Atlantischer *Euchaeten* aus der Sammlung der Herrn Godeffroy in Hamburg überzeugt, dass ebenso die atlantische Form mit der von *Praestandreae* zuerst beobachteten identisch ist und Lubbock in der That das letzte kurze Segment des Abdomens übersehen hat. Die jungen Weibchen vor der letzten Häutung unterscheiden sich von den ausgebildeten geschlechtsreifen Thieren sofort durch die Gestalt des Abdomens. Dieses besteht zwar ebenso wie jenes aus 4 Segmenten und trägt bereits die beiden sehr langen Schwanzborsten, indessen haben die ersten und letzten Segmente eine andere Form und morphologische Bedeutung. Das erste Segment ist kurz und aufgetrieben, noch ohne die Ausbildung der Genitalöffnungen und entspricht der vordern Hälfte des ersten Abschnittes vom Hinterleibe der geschlechtsreifen Weibchen; das letzte Segment ist am umfangreichsten, dasselbe umschliesst noch die beiden letzten Abdominalringe des Geschlechtsthieres. Auch erscheint das Abdomen weit kürzer und schmächtiger, der gesammte Körper erreicht etwa die Länge von 2¹/₂ mm. Noch jüngere Formen sind nur 1¹/₂ mm. lang, mit kürzern noch unvollzählig gegliederten Antennen versehen, mit zweigliedrigem Hinterleib, auf dessen erstes Glied ein sehr langer, drei Segmente in sich einschliessender Abschnitt folgt. 4 Schwimmfusspaare sind bereits vorhanden, aber mit eingliedrigen Ruderästen; Stirn, Antennen, Mundwerkzeuge und Furca mit ihren beiden sehr langen Schwanzborsten lassen bereits ganz und gar den Typus der *Euchaeta* hervortreten.

9. Candace bispinosa Cls. (Taf. I. Fig. 3—9).

Bei Gelegenheit der Untersuchung und Bestimmung der vorliegenden Form habe ich noch einmal die mikroscopischen Präparate von den drei in Messina beobachteten Arten verglichen und gefunden, 'dass abgesehen von der Körpergrösse und der Form der Antennen die vorderen Kieferfüsse und die des Hinterleibes, besonders die rudimentären Füsschen des Weibchens bei der Unterscheidung in Betracht kommen. Das fünfte Füsschen von C. longimana endet mit einem sehr langgestreckten Endglied, welches in drei kurze zahnartige Fortsätze ausläuft, während die

Basalglieder der beiden Füsse fast in ihrer ganzen Breite zu einem gemeinsamen Abschnitte ver
schmolzen sind. (Fig. 3); bei *C. bispinosa* läuft das Endglied des Fässchens in zwei Zähnchen,
eine kräftige Klaue und eine gekrümmte Borste aus (Fig. 4), die eigenthümlich geformten
Fässchen von *C. melanopus* enden mit drei Zähnchen und zwei gekrümmten Borsten (Fig. 5). Das
entsprechende Fusspaar des Männchens der letzteren Art (Fig. 6.) unterscheidet sich von dem der
kleineren *C. bispinosa* (Claus, *Copep.* Taf. XXVII. Fig. 16.) durch die Bildung des rechten Fusses,
welcher wie bei *C. longimana* mit einer innern Platte als eingliedriger Ruderast und einem
äussern gebogenen und schaufelförmigen Haken endet. Bei der letztern Art verlängert sich der
Ruderast noch in einem sichelförmigen Fortsatz. Zum Vergleiche der als Artcharaktere so
wichtigen vordern Maxillarfüsse habe ich die Figuren 7 (*bispinosa*) 8 (*melanopus*, 9 (*longimana*)
beigefügt. Kopf und Brust finde ich durch eine überall gebogene Chitincontur deutlich abgesetzt,
wie es scheint aber nicht beweglich gegliedert; auch läuft das untere Brustsegment stets in eine
winklige, mehr oder minder hervorragende Spitze aus, welche sich beim Männchen von *C. longi-*
mana an der rechten Seite oberhalb der Genitalpapille zu einem sehr eigenthümlichen nach
hinten gekrümmten schwarzen Chitinhaken vergrössert.

Wahrscheinlich sind alle diese Arten nicht auf das Mittelmeer beschränkt, wenigstens fand
ich unter den Atlantischen Copepoden aus der Sammlung des Godeffroy das Männchen
von *C. melanopus*, welcher vielleicht auch mit einer von Dana beschriebenen Art identisch ist. Ein
zweites, noch grösseres *Candace*-Weibchen aus dem Atlantischen Ocean zeigte ebenfalls eine grosse
Uebereinstimmung in der Gliederung des gesammten Körpers und seiner Theile mit derselben
Art, aber auch einige Abweichungen. Vor allem treten die seitlichen Haken am Basalgliede des
Abdomens in der Gestalt umfangreicher Haken hervor, zwischen denen am unteren Rande ein
zapfenartiger Vorsprung bemerklich wurde, der allerdings auch bei dem Weibchen der Messinesischen *C. melanopus* angedeutet ist, dann waren die untern Ränder der Abdominalringe mit
feinen Zähnchen besetzt und die Füsse des fünften Paares mit denen von *C. longimana* gleich-
gebaut. Die Pigmentirung trat mehr zurück mit Ausnahme der Antennen, von denen die letzten
7 und 8 Glieder braun gefärbt waren. Indessen zeigt sich auch die Pigmentirung an der Messinesischen Form bis zu einem bestimmten Grade variabel.

10. Dias longiremis Lilj. (Taf. I. Fig. 12. u. 12¹).

Ist im Meere von Nizza sehr häufig. Es fällt mir jedoch bei näherem Vergleiche dieses
mit der nordischen Form identischen Copepoden die abweichende Gestalt des 5ten männlichen
Fusspaares auf. Hier setzt sich das zweite Glied des rechten Greiffusses ebenso wie das dritte
in einem weit vorspringenden abgerundeten Haken fort (Fig. 12), der dort, wie ich bei nochmaliger
Durchsicht der Präparate bestätigen kann, fehlt (Claus, *Copep.* Taf. XXXIII. Fig. 14.), ferner ist
das Endglied mehr aufgetrieben, auch die Form des linken Fusses etwas verschieden. Im
Uebrigen habe ich keinen Unterschied auffinden können. Kopfbruststück und Abdomen zeigen
dieselbe Grösse und die nämliche Gliederung, ebenso die Gliedmassen. Am fünfgliedrigen Hinterleib des Männchens ist das erste und vorletzte Segment sehr kurz. Die Afterklappe liegt ganz
über der Basis des letzten, in eine rechte und linke Hälfte eingeschnittenen Ringes.

11. Leuckartia flavicornis Cls.

12. Pleuromma gracile Cls.

13. Oithona spinirostris Cls.

Der glockenförmig erhabene, in eine lange Spitze anmlaufende Schnabel ist neben dem schlanken, fast bis zum Ende des Abdomens reichenden Antennen und der gestreckten Form des 1½, mm. langen Körpers der am meisten in die Augen fallende Charakter. Die vordern Antennen mit ihren langen gekrümmten, hier und da gelbgefiederten Borsten scheinen mir nicht, wie ich früher angab 10gliedrig, sondern mindestens 11gliedrig, indem nicht 2, sondern 3 kurze Spitzenglieder deutlich unterschieden werden. Indessen ist die Gliederung namentlich an der Basis sehr schwer zu bestimmen. Die Borste des rudimentären Fusshöckers ist ungefähr von der Länge des Abdomens und zuweilen gelb tingirt, die des obern Höckers an demselben Segmente merklich kürzer. Die lange Schwanzborste aber erreicht fast die Länge des ganzen Leibes. Männchen wurden nicht beobachtet. Die jüngern Weibchen vor der letzten Häutung mit nur dreigliedrigem langen Abdomen, dessen Endglied eine sehr bedeutende Länge besitzt.

14. Oithona similis n. sp.

Der Körper kaum 1 mm. lang, seine Form und Gliederung der vorhergehenden Art sehr ähnlich, das Abdomen jedoch etwas gedrungener. Die vordern Antennen weit kürzer, etwa bis zur Basis des Abdomens reichend, aber ganz ähnlich gegliedert. Der Schnabel aber geradlinig abgegrenzt. Die Borsten des rudimentären Füsschens kürzer, ebenso die der Furca und nicht tingirt.

15. Sapphirinella stylifera Cls. = Hyalophyllum hyalinum F. Haeckel.
(Tafel I. Figur 13 — 16).

In seinen an histologischen Funden so reichen „Beiträgen zur Kenntniss der Corycaeiden" beschreibt Haeckel eine neue Corycaeidengattung Hyalophyllum. Er unterscheidet dieselbe von Sapphirinella durch eine abweichende Beschaffenheit des Auges, den Besitz von eingliedrigen rudimentären Stechplatten, den Mangel des rudimentären Füsschens und die besondere Endigung der Furcallamellen mit Dornen und Borsten. Eine genauere Durchsicht meiner von Nizza und Messina stammenden Präparate hat mich zur Gewissheit gebracht, dass beide Gattungen identisch sind. Die Ursache der irrthümlichen Trennung liegt einerseits in meiner allzu kurzen, nicht überall ausreichenden Charakterisirung, zu der ich nur eine weit schwächere Vergrösserung benutzt hatte, andererseits in einigen kleineren Mängeln der Untersuchung und abweichenden Deutungen beider Beobachter.

Ich habe zunächst die Unterscheidung der beiden Arten H. vitreum und pellucidum unterlassen. Alle meine Präparate beziehen sich nämlich mit einer einzigen Ausnahme auf die letztere Form, welche meinen Beobachtungen fast ausschliesslich zu Grunde lag. Von S. vitrea untersuchte ich nur ein einziges Objekt, das mir den Werth einer Varietät zu besitzen schien, die ich, weil eben nur 1 Exemplar vorlag, nicht eingehender beachtete. Die höchste Grenze der Körperlänge (7 mm.) entlehnte ich dieser grössern Form, vielleicht auch die Abbildung des Auges, welches mancherlei Abänderungen auch nach den einzelnen Individuen unterworfen zu sein scheint.

Haeckel legt nun das Hauptgewicht auf den gänzlichen Mangel des fünften Brustsegmentes und des entsprechenden rudimentären Füsschens, durch welchen sich Hyalophyllum von allen andern Corycaeiden unterscheide. Indessen ist dieses, wie ich bereits erwähnte, vorhanden und von Haeckel in ähnlicher Weise übersehen, wie die entsprechenden Körpertheile[1] der männlichen

1) Vergl. Claus. Kusrnostraken pag. 1. u. Taf. 1. Fig. 1.

Sapphirina frühern Beobachtern wie Thompson und Gegenbaur entgingen. In der That besteht auch hier ein ganz ähnliches Verhältniss, nur dass die Theile viel leichter verborgen bleiben. Es bildet das fünfte Fusspaar, wie ich aus meiner frühern Darstellung wiederholen muss, ein kurzes, mit zwei Borsten versehenes Rudiment, welches im männlichen Geschlechte wie bei *Sapphirina* einem schmalen und von den benachbarten Segmente verdeckten Leibesringe angehört (Fig. 13a). Die Bildung der Mundwerkzeuge anbetreffend, hatte ich für *Sapphirinella* die grossen Greiffüsse als die einzig wirksamen Theile beschrieben und daneben angeführt, dass man von den vorausgehenden Mundtheilen in seitlichen weit auseinander gerückten Platten und Höckern die morphologischen Reste namentlich für Oberlippe und Maxille zu suchen habe. Haeckel hat diese Bemerkung nicht weiter beachtet, sonst würde er die beiden Stechplatten, mit deren Deutung als Rudimente der obern Maxillarfüsse er sicher ganz entschieden im Irrthum ist, nicht als einen unterscheidenden Charakter habe in's Auge fassen können. In der That sind diese Stechplatten aber den seitlichen Mundecken vorhanden und von mir für Rudimente der Oberlippe gehalten. Es sind dünne, mehr oder minder dreieckige Platten mit scharf conturirtem Rande, aber keineswegs von der Stärke, wie man nach Haeckel's Abbildung vermuthen sollte. Die Spitze derselben ist bald nach oben (Fig. 15.), bald nach unten (Fig. 16.) gerichtet. Zwischen beiden Platten, die übrigens etwa um das doppelte ihrer Breite von einander entfernt stehen, macht sich eine deutlich markirte Contur des Chitinskelets bemerkbar. Eine Annäherung der Spitzen nach der Mittellinie, wie sie vorausgesetzt werden müsste, wenn man diese Theile als stechende Mundwerkzeuge nachweisen wollte, habe ich in keinem Falle beobachtet, sie dünkt mir unwahrscheinlich auch wegen der grossen Entfernung beider Platten und der schwachen Muskulatur, die bei einem Kiefer ganz anders entwickelt sein würde. Ich bezweifle dagegen kaum, dass wir es mit zwei auseinander gerückten Hälften einer Oberlippe zu thun haben, die ja so oft eine Bewegung nach aufwärts und abwärts gestattet, zumal die Lage der Mundöffnung darauf hinweist. Vollends spricht für diese Auffassung die Analogie der in zwei Platten getheilten Oberlippe bei der nächst verwandten Gattung *Sapphirina* und *Copilia* (vergl. Cl. l. c. Tafel XXV. Fig. 15). An einen Maxillarfuss kann bei dieser Lage gar nicht gedacht werden. Dagegen finden sich nun zu den Seiten des Mundes Höcker und Platten, welche ich jetzt nach nochmaligem sorgfältigen Vergleiche um so entschiedener als die Reste von Mandibeln und Maxillen in Anspruch nehme, zunächst ein kleiner Höcker, welcher bei *S. vitrea* eine ansehnliche, hakenähnliche Borste trägt (Fig. 16a), als Mandibularrest und eine darunter gelegene mit mehreren Borsten versehene Platte (Fig. 16b), als Aequivalent der Maxille. Die Form derselben ist in beiden Arten verschieden, besonders gross erscheint dieselbe bei *S. vitrea* und hier den Maxillen von *Sapphirina* und *Copilia* sehr ähnlich.

Die Bewaffnung der Furcallamellen finde ich bei Anwendung einer starken Vergrösserung fast genau so, wie sie Haeckel beschreibt, ohne dass desshalb meine frühere ungenaue Angabe, welche auf eine nur schwache Vergrösserung bezogen war, geradezu als unrichtig zu bezeichnen wäre. Den Unterschied von starken Chitinzähnen, Chitinstacheln und Nervenborsten habe ich natürlich unter solchen Verhältnissen nicht machen können. Uebrigens muss ich bemerken, dass die Nervenborsten keineswegs mit den zarten Leydigschen Cuticular-Anhängen zusammen zustellen sind, sondern sich durch die scharfen glänzenden Conturen als scharf conturirte Borsten erweisen, die eben, wie das auch zum Theil von den Borsten der Antennen gilt, mit Nerven im Zusammenhang stehen und als Tastorgane anzusehen sind. Die Nervenborste am Innenrande ist etwa zwei bis dreimal so lang als die des Aussenrandes, von den Borsten der Furcalspitze war leider stets die innere abgebrochen, doch ihre Insertionsstelle kenntlich. Auch erscheinen die äusseren Chitinzähne an der Furcalspitze beträchtlich grösser als die inneren.

Einen sehr grossen Werth hat endlich Haeckel auf den Bau des Auges und die Abwesenheit des unpaaren Augenbläschen zur Unterscheidung von *Sapphirinella* gelegt, allein ich glaube nicht, dass auch in dieser Hinsicht eine wesentliche zur Trennung berechtigende Abweichung besteht. Schon nach meinen früheren Mittheilungen musste eine allerdings merkwürdige Variabilität dieses Organes bestehen, indem in einiger Entfernung vor den seitlichen Krystallkugeln zwei helle, von Fäden getragene, tropfenartige, lichtbrechende Körper, in denen ich die Aequivalente hinterer Linsen erkannte, bald und zwar in verschiedener Grösse vorhanden waren, bald vollends fehlten, und in dem gemeinsamen Pigmentkörper zuweilen noch drei helle Krystallkugeln bemerkbar wurden. Was die letzteren anbetrifft, so glaube ich dieselben dem vordern medianen Theile des Auges zurechnen zu dürfen, an welchem Haeckel eine vordere unpaare, bald homogene, bald wie aus mehreren (5—10) kleinen Krystallkörpern zusammengesetzte Linse beschreibt, die bei *H. vitreum* kaum zu unterscheiden sei. Das leicht übersehbare Augenbläschen habe auch ich keineswegs stets beobachtet, jedenfalls aber mit Bestimmtheit gesehen; ich besitze Zeichnungen vom Auge, an denen das Augenbläschen fehlt, freilich wie ich bisher glaubte in Folge unvollkommener Beobachtung oder weil dasselbe von dem Pigmentkörper verdeckt wurde. Da aber ein ausgezeichneter Beobachter wie Haeckel die vollständige Abwesenheit dieses Theiles behauptet, so muss ich glauben, dass dieses Gebilde auch fehlen kann. Vielleicht kommt das kleine, leicht unter dem Pigmentkörper verborgene Augenbläschen bei der einen Art (wahrscheinlich *vitrea*) vor, bei der andern nicht, oder es tritt auch nur zuweilen auf, wie das ja auch für die tropfenartigen lichtbrechenden Körper gilt, deren Haeckel ebensowenig Erwähnung that. Möglich, dass für das Auge dieser sonst der *Sapphirina* so nahe stehenden Gattung eine Variabilität gültig ist, deren Breite wir bei dem Streben, für die Gattung charakteristische Merkmale zu finden, eine nicht ausreichende Beachtung geschenkt haben. Die Wahrscheinlichkeit einer grössern Variabilität liegt um so näher, als wir hier entschieden eine Uebergangsform von dem Auge der *Sapphirina* zu dem der *Pachysoma* vor uns haben.

Die beiden von Haeckel unterschiedenen Arten sind leicht und bestimmt nach den Diagnosen jenes Forschers zu erkennen, doch möchte ich nach meinen Beobachtungen hinzufügen, unter einigen weiteren Abänderungen. Als eine vielleicht für das Auseinanderweichen der Arten interessante Thatsache erwähne ich zunächst die Uebereinstimmung, welche beide Formen in scheinbar ganz gleichgültigen und bedeutungslosen Merkmalen zeigen. Beide Formen besitzen *eine Reihe kleiner Dornen auf der Bauchfläche des ersten und zweiten Abdominalsegmentes* und *zwei grosse, fast zipfelartige Auswüchse rechts und links in einiger Entfernung vor der Oberlippe.* Weniger auffallend möchte es sein, dass bei beiden Formen die Cuticula kleine glänzende Höckerchen trägt und dass sich in der Nähe der Genitalklappe hier wie dort drei Haken nebst einem borstentragenden Fusshöcker (6 Paar) finden. Auch zeigt die Bewaffnung der Furca eine sehr grosse Uebereinstimmung.

An dem Körper von *S. pellucida*, dessen Länge zwischen 4—5 mm. schwankt, sehe ich keineswegs überall den tiefen mittleren Ausschnitt in dem Maasse hervortreten, wie ihn die Abbildung Haeckel's darstellt, wohl aber sind die Antennen 4gliedrig, nicht 5gliedrig, wie ich früher durch eine Quercontur getäuscht, irrthümlich angab. Die Charactere unserer Gattung und ihrer beiden Arten würden also nach meinen Untersuchungen in folgender Weise abzuändern sein:

Gattungscharaktere der männlichen *Sapphirinella* = *Hyalophyllum*.

Körper im Umriss oval, sehr stark dorsoventral zusammengedrückt, vollkommen durchsichtig, farblos oder nur schwach schimmernd. Körper wie bei *Sapphirina* ♂ gegliedert, indessen mit noch mehr rudimentären 5ten Brustsegmente und Füsschen. Am vierten Fusspaar ist der innere Ast 1gliedrig. Das fünfte Füsschen ist einfach und mit 2 Borsten versehen. Mundtheile rudimentär und weit auseinandergerückt mit Ausnahme der grossen mit kräftigen Greifhaken bewaffneten unteren Maxillarfüsse. Die Augen zu einem gemeinsamen Pigmentkörper mit seitlichen und mittleren Krystallkörpern vereinigt; zuweilen liegt ein unpaares kleines Augenbläschen unter und zum Theil vor dem Pigmentkörper. Cornealinsen fehlen. Caudallamellen sehr lang und schmal, linear.

S. stylifera Claus = *pellucida* E. Haeckel.

Körper ohne die bis zu 1 mm. lange Furca 4 bis 5 mm. lang, in der Mitte circa 2,5 mm. breit, mehr oder minder ausgerandet mit *kurz zugespitzten Seitenflügeln der Brustsegmente*. Vordere Antennen *viergliedrig*, das erste Glied sehr lang, drei verschmolzenen Gliedern entsprechend, das zweite Glied der untern Maxillarfüsse *an der Spitze verdickt* und ionen mit einem bewimperten Wulste versehen. In den Seitenflügeln des Kopfes und der drei ersten Brustringe jederseits eine grosse fettglanzende Kugel, drei andere mediane in der Mitte der drei ersten Brustsegmente. Die glänzenden Höckerchen der Cuticula sehr klein, ebenso das rudimentäre Füsschen.

S. vitrea = *Hyalophyllum vitreum* E. Haeckel.

Körper ohne die bis 1,5 mm. lange Furca 5,5 bis 6,5 mm. lang, in der Mitte bis circa 4 mm. breit, eiförmig, *fast elliptisch*, vorn abgerundet ohne Ausschnitt; die Seitenflügel der Brustsegmente nach hinten jederseits in einen dreieckigen Zipfel ausgezogen. Vordere Antennen *6gliedrig*. Das zweite Glied der unteren Maxillarfüsse *an der Basis verdickt* und innen mit einem Wulste versehen. In den Seitenflügeln des Kopfes und der 3 ersten Brustringe jederseits eine grosse fettglanzende Kugel, 2 andere seitliche im ersten und 4 solche im zweiten Brustsegment. Die Höckerchen der Cuticula grösser, ebenso das rudimentäre Füsschen ansehnlicher.

16. Sapphirina Gegenbauri E. Haeckel.

E. Haeckel hat mit Recht auf sehr eingehende Untersuchungen gestützt, die beiden von mir als Varietäten unterschiedenen Formen als Arten gesondert. Die kleinere schlankere Form von 3—4 mm. Körperlange mit längeren Antennen, Klammerantennen und Furcollamellen lag auch meinen früheren Beobachtungen von Nizza her zum Grunde. Die grössere Art, welche eine Körperlänge von 4—5'/₂ mm. erreicht, erinnere ich mich nicht in Nizza gefunden zu haben.

Uebrigens muss ich bemerken, dass die von Haeckel mitgetheilten Grössenverhältnisse im Einzelnen doch nach den Individuen Abänderungen unterliegen, im Allgemeinen aber immerhin zur Charakterisirung der beiden Arten ausreichen. Nicht ganz richtig aber sind die Maassangaben der Antennenglieder, nach denen das vierte Glied grösser sein soll als das dritte (wie 5 : 4), während in der That das umgekehrte Verhältniss besteht. Ob die *Sapphirina Edwardsii* mit demselben Rechte als Art zu sondern ist, wie die beiden anderen Formen, wage

3

ich nicht zu entscheiden, jedoch bemerke ich, dass sich unter meinen Präparaten von **Messina** nur ein Exemplar der grössern Art befindet, welches wegen der Nähe der Cornealinse und hinteren Linse als *S. Edwardsii* in Anspruch genommen werden könnte. Dasselbe ist 4¹/₄ mm. lang und besitzt fast genau die von Haeckel für diese Art angegebenen Grössenverhältnisse des Kopfes und der Furca. Dagegen erstrecken sich die Antennen nicht über den Kopfrand hinaus.

17. Corycaeus elongatus Cls.

Die Messinexische Form, welche sich durch ihre Grösse und einige bereits von mir genügend hervorgehobene, nicht sehr in die Augen fallende Abweichungen ganz bestimmt von dem nordischen *C. germanus* unterscheidet, kommt auch ziemlich häufig in Nizza vor. Auch sind die Furcalstile beträchtlich länger als bei jener Art, und verhalten sich beim Männchen zum Weibchen wie 6 : 5. Die Länge des Körpers beträgt ohne die Endborste etwas über 1,5 mm., beim Männchen etwas weniger, mit den Endborsten 2 mm. und darüber.

18. Corycaeus parvus Cls.

Diese niedliche Form von 1 mm. Länge (die Furcalborsten mit einbegriffen) und starkem Chitinpanzer unterscheidet sich von allen bekannten Arten durch die Einfachheit des Mittel- und Hinterleibes. Die beiden auf das Kopfbruststück folgenden (2. und 3.) Brustsegmente sind mit einander verschmolzen und bedecken den vierten Ring mit Ausnahme seines Rückenrandes vollständig; ebenso fehlt die Gliederung des Abdomens. So kommt es, dass der Leib nur 3 deutlich geschiedene Abschnitte zeigt, welche dem Kopfbruststück, der Brust und dem Hinterleib entsprechen, welchem sich dann die kurze Furca anschliesst. Das Grössenverhältniss dieser Theile wird ziemlich bestimmt durch die Zahlen 12 : 4 : 6 : 1¹/₂ ausgedrückt.

19. Antaria mediterranea Cls.

Die zu dieser Art gehörigen Formen zeigen in der Grösse ihres Körpers und in den Grössenverhältnissen ihrer Theile doch weit beträchtlichere Differenzen, als man nach meiner frühern Art-diagnose erwarten sollte. Ich unterscheide nach nochmaliger Durchsicht zahlreicher Präparate eine grössere und eine kleinere Varietät, die beide selbst wieder Abänderungen zeigen. Die grössere wird im weiblichen Geschlecht ohne die Furcalborsten etwa 1,3 mm., mit denselben 1,5 mm., die kleinere nur 0,8 bis 0,9 mm. und mit den Furcalborsten 0,95 bis 1,01 mm. lang. Nur die letztere fand ich in Nizza, ohne sie als Art abgrenzen zu können.

Das Verhältniss der Furcalborsten, Antennenglieder und Abdominalsegmente zeigte eine Reihe von Abänderungen, wie die nachfolgenden Zahlen beweisen:

Körpergrösse ohne Furcalborste	(Nizza) 0,8 mm.	(Messina) 0,8 mm.	0,87 mm.	Drei grössere Formen von 1,3 mm.		
Innerste Furcalborste	30	25	35	50	44	50
zweite „	55	50	60	85	90	72
dritte „	40	35	45	60	60	58
äusserte „	10	10	12	18	15	20
Furca	12	14	15	30	18	30
letztes Segment	10	10	10	16	17	16
vorletztes und drittletztes Segment	12	12	11	20	22	20
vorderer Abschnitt des Abdomens	50	45	55	80	75	80
zweites Antennenglied	—	15	14	20	20	20
drittes „	—	22	25	40	40	40

20. Antaria coerulescens a. sp.

Der Hautpanzer ist zwei bis dreimal so dick als bei der erstern Art, mit feinen Höckerchen besetzt, an den Greiffüssen und Schwimmfüssen, besonders am Abdomen dunkel violett gefärbt. Fettkörper in der Umgebung des Darmes roth, ebenso die Matricalschicht unterhalb der violetten Cuticula des Hinterleibes. Blut heller violett. Die Seitenflügel des vierten Brustsegmentes herzförmig zugespitzt. Die Körperlänge des Weibchens 1,2 mm., mit den Furcalborsten 1,4 mm., des Männchens 0,9 mm., mit den Borsten der Furca kaum 1,1 mm., beim Männchen werden die drei sehr kurzen Abdominalsegmente von dem grossen vordern Genitalabschnitt verdeckt. Die Gliedmassen sehr ähnlich denen der ersten Art. Die Grössenverhältnisse gestalten sich in folgender Weise:

		(♀)	(♂)
	innere	50	36
Furcalborsten	zweite	80	70
	dritte	60	50
	äussere	20	15
Furca		30	15
letztes Abdominalsegment		16	10
die beiden vorhergehenden		24	—
Genitalsegment		80	70
	zweites	20	
	drittes	35	
Antennenglieder	viertes	10	
	fünftes	6	
	sechstes	8	

21. Copilia denticulata Cls.

Die *Copilia*, welche Leuckart als *C. nicaeensis* bezeichnet hat, ist wie ich sehe mit der obigen Art von Messina identisch. Die Abweichung in der Bildung des 4ten Fusspaares, welche in Leuckart's Abbildung hervortritt und mich zu der frühern Ansicht bestimmte, die Nizzaerform als eine besondere nahe verwandte Art zu betrachten, existirt in Wahrheit nicht, da der innere Schwimmfuss-ast nicht zweigliedrig, sondern einfach ist und zwei Borsten trägt. Als besondere Merkmale der Art mögen neben dem Stachelfortsatz, in welchen die Rückenfläche des vierten Brustsegmentes ausläuft, auch noch die feinen Dornen am untern Bauchrande der zwei auf das Genitalsegment folgenden Abdominalringe Erwähnung finden, ebenso mehrere kleine Dornen über der Einlenkung der langen Furcallamellen.

22. Porcellidium tenuicauda Cls.

23. Porcellidium dentatum Cls.

24. Oniscidium armatum Cls.

25. Eupelte gracilis Cls.

Scutellidium n. gen. (Tafel IV. Fig. 8 — 15).

Eine neue Gattung aus der Familie der *Peltidien*, welche der nordischen Gattung *Zaus* am nächsten steht, aber bereits in mehrfacher Hinsicht an *Tisbe* sich anschliesst. Der Körper (Fig. 8) ist flach, oval, mit kurzer, gedrungener Segmentirung und durchaus vollzähliger Gliederung. Die vordern Antennen (Fig. 11.) sind 9gliedrig und durch die Kürze des 4ten bis 7ten Gliedes ausgezeichnet. Daher tritt eine starke Verschmälerung am letzten Drittel ein und die beiden Endglieder erscheinen verhältnissmässig auffallend dünn. Der Nebenast (Fig. 12.) der hintern Antennen besteht aus 4 Gliedern, von denen die beiden mittlere kurz und meist undeutlich abgegrenzt erscheinen. Sehr merkwürdig und von *Zaus* wesentlich verschieden ist die Bildung der Mundwerkzeuge. Der Kautheil der kräftigen Mandibeln endet mit einem obern breiten und drei schmalen auseinander stehenden Zähnen, welchen der mit Fasern besetzte federförmige Anhang folgt. Der breite Palpus gliedert sich in eigenthümlicher Weise und besteht aus einem untern am Rande mit Borsten besetzten Lappen, welcher am besten den Branchialanhängen verglichen wird, ähnlich wie der obere Lappen am Mandibulartaster von *Porcellidium*, sodann aus einem nach vorn gerichteten Hakenfortsatz, welcher mit sehr feinen Zasern besetzt ist und an seiner Basis einen in mehrfache Borsten auslaufenden Seitenanhang trägt. Die Maxillen (Fig. 13b.) tragen an der Basis ihres Ladentheils ebenfalls einen oberen und unteren Taster, von denen der erstere mehrere Einschnitte zeigt, der untere in einen nach oben gerichteten starken Chitinhaken und in zwei sehr ansehnliche bewimperte Borsten ausläuft, welche nach unten herabhängen. Von den beiden Maxillarfüssen endet der obere (Fig. 14a) mit einem schmalen Scheerengliede, der untere erreicht eine etwas bedeutendere Grösse und bildet eine von kurzem Stile getragene Greifhand mit complicirtem Hakengliede, auf dessen oberer Seite noch zwei schmale mit Borsten endende Glieder aufsitzen (Fig. 14b). Die Füsse des ersten Paares (Fig. 15) stehen denen von *Tisbe* am nächsten und unterscheiden sich von *Zaus* dadurch, dass der innere Ast der längere, der äussere der kürzere ist. Beide Aeste sind dreigliedrige Greiffüsse mit äusserst kurzer Handhabe. Der äussere Ast entspringt etwas höher und reicht nur bis zum Ende des Basalabschnittes vom innern Ast. Dieser endet mit zwei, jener mit vier kaum gekrümmten Borsten, welche ähnlich wie bei *Tisbe* breite feinstreifige Hautlappen, Fähnchen vergleichbar, tragen. Alle übrigen Schwimmfusspaare bestehen aus einem äusseren und inneren dreigliedrigen Ruderaste. Der letzte Fuss des fünften sehr verschmälerten Brustsegmentes bildet eine schmale zur Seite der beiden vorderen Abdominalsegmenten abstehende Platte (Fig. 9a), welche sich über die vorderen Seitenflächen des grossen runden Eiersäckchens ausbreitet. Unrichtiger Weise habe ich früher bei *Eupelte*[1]) die schmalen, dort noch weit umfangreicheren Platten für die abgesetzten Seitenstücke des Brustsegmentes gehalten; dieselben sind aber nichts anderes als die äusseren Lamellen des fünften Fusspaares (Fig. 9a), deren innere Basalstücke mit ihrem zipfelförmigen Aussenanhang kicht von jenen zu sondern sind. Im männlichen Geschlechte, welches sich durch die beiden zu Greifarmen umgestalteten vordern Antennen bei einer entsprechend reducirten Grösse des gesammten Körpers vom Weibchen unterscheidet, bleiben diese Fussplatten weit kürzer. Im weiblichen Geschlechte (Fig. 9.) stehen die beiden vordern Abdominalsegmente in einer engeren Verbindung, sind indem durch eine quere Chitinleiste von einander deutlich abgegrenzt. Die Geschlechtsöffnungen verhalten sich ähnlich wie bei *Tisbe*. Das Auge besitzt eine vordere und zwei seitliche lichtbrechende

---

1) Vergl. Claus, Beiträge zur Kenntniss der Entomostraken etc.

Kugeln. Ein sehr grosses Eiersäckchen bedeckt das gesammte Abdomen und ragt noch weit über die Furcalglieder hinaus.

Man wird demnach die Gattung in folgender Weise charakterisiren:

Corpus depressum, ovale, sicut in „Zaus". Antennae anticae 9 articulatae, articulis medianis brevissimis. Antennarum secundi paris ramus secundarius 1 articulatus, perbrevis. Palpus mandibularis valde compositus, appendicem lamellarem gerens; palpus maxillaris in duas setas permagnas exiens. Pedes primi paris prehensiles, iisdem Thisbae haud dissimiles. Pedes postici foliacei, ramo externo tenui, porrecto. Saccus ovigerus unicus.

26. Scutellidium tisboides n. sp.

Der Körper gleicht einer verbreiterten *Tisbe*, mit sehr gedrungener Segmentirung. Die Länge des Weibchens beträgt ohne die Schwanzborste 0,75 bis 0,85 mm., mit derselben 1,2 bis 1,35 mm. Das Männchen misst dagegen nur 0,65 mm, und mit den Schwanzborsten 1,1 mm. Schnabel schwach abgerundet fast viereckig; die 9gliedrigen Antennen des Weibchens sind 0,2 bis 0,23 mm. lang (ohne die Endborsten), ihre Glieder stehen in folgendem Grössenverhältniss: 10, 18, 11, 3, 1¹/₂, 1¹/₂, 2, 3, 5. oder häufiger 12, 20, 13, 3, 1¹/₂, 1¹/₂, 2, 3¹/₂, 8. Die Augen sind rubinroth pigmentirt. Die Seitentheile der Brustsegmente bilden fast flügelförmige Fortsätze, unter denen besonders die des drittletzten Segmentes hervorragen. Die Aussenfläche der äussern Platte des fünften Fusspaares trägt wie eine Bürste Reihen von dicht stehenden borstenartigen Spitzen (Fig. 9u). Die unteren Ränder der Abdominalsegmente sind seitlich mit Spitzen besetzt, welche sich am dritten Segmente über die Bauchfläche her zu einer Reihe sehr kleiner Spitzen schliessen. Das fünfte Segment ist sehr kurz, aber nicht wie bei *Zaus* getheilt. Die Furcalglieder sind ebenfalls kurz und breit; von den zwei langen Endborsten reicht die äussere etwa bis zur Hälfte der innern.

27. Tisbe furcata Baird. (Tafel IV. Fig. 16 u. 17).

Die Individuen von *Tisbe* zeigten unter einander in der Körpergrösse und in dem Verhältnisse der Antennenglieder ebenso mannichfache Abweichungen, als die der nordischen und messinesischen Form, ohne dass es möglich war, dieselben als Art von jenen abzugrenzen. Der Körper misst ohne die langen Schwanzborsten 0,8—1,4 mm., mit denselben 1,5 bis 2,3 mm. und bietet hier und da namentlich an der Bauchfläche und an verschiedenen Gliedmassen einen violetten Schein. Die Abdominalsegmente sind mit Ausnahme des kurzen Endgliedes am untern Rande mit einem Kranz feiner Spitzen besetzt. Der kurze und breite Aussenast des ersten Fusspaares endet mit einer kurzen Greifhand, welche 2 bewimperte und 4 nur an der Spitze fähnchenartig dicht mit Wimpern besetzte Borsten trägt. Die Länge der vordern Antennen schwankt zwischen 0,25 bis 0,4 mm., den langen Riechfaden ausgeschlossen, mit demselben zwischen 0,4 bis 0,66 mm. Das Grössenverhältniss der 8 Antennenglieder schwankte in folgender Weise:

Basalglied	10	10	11	11	15
2. Glied	18	20	20	20	30
3. „	17	17	17	17	25
4. „	10	12	12	10	18
5. „	4	4	4	5	5
6. „	4	4	4	5	6
7. „	2½	2½	3	4	6
8. „	8	8	10	10	15

28. Euterpe gracilis Cls.
Liljeborgia n. gen. (Tafel II. Fig. 1 — 8).

Diese neue Gattung, die ich mir erlaubt habe nach dem um die Kenntniss der Copepoden so verdienten schwedischen Forscher Liljeborg zu benennen, schliesst sich in der gesammten Körperform am nächsten an die Gattung Cleta an, unterscheidet sich indessen von derselben durch wesentliche Abweichungen. Die Mandibeln mit ihren Tastern und überhaupt die Mundtheile verhalten sich sehr ähnlich, doch zeigen sich kleinere Unterschiede an den Maxillen (Fig. 4) und Kieferfüssen (Fig. 5); die untern Kieferfüsse sind verhältnissmässig kleiner und kürzer gestilt. Auch die Segmentirung des Leibes stimmt mit Cleta überein, indem Kopf und Brust (Fig. 1) verschmolzen sind und im Weibchen die Trennung des ersten und zweiten Abdominalsegmentes persistirt. Die vordern Antennen gleichen ebenfalls denen von Cleta und besitzen am untern Rande des zweiten Gliedes den kräftigen Hakenfortsatz, indessen sind sie gedrungener mit zahlreichern Borsten und kräftigern Dornen bewaffnet und nur 4gliedrig im weiblichen Geschlechte, indem die vier letzten kurzen Ringe zu einem gemeinsamen Endgliede verschmelzen und auch die beiden vorhergehenden Glieder zu einem grossen Abschnitte sich verbinden (Fig. 2). Dieser dritte Abschnitt lauft am obern Rande in den Fortsatz aus, welcher den langen blassen Riechfaden trägt. Im männlichen Geschlechte erweitert sich dieser Abschnitt beträchtlich (Fig. 3) und trägt eine Anzahl kräftiger Höcker und einen längeren griffelförmigen Anhang; der Endabschnitt ist mehrgliedrig mit klauenartigem Endgliede. Die hintere Antenne trägt einen einfachen mit 3 Borsten besetzten Nebenast. Das vordere Fusspaar bleibt schwach ohne Greifhaken (Fig. 6). Der äussere Ast ist 3gliedrig, der innere schmächtiger 2gliedrig und nur mit 2 Borsten an der Spitze ausgestattet (Fig. 6). Die äussere Aeste der drei nachfolgenden Schwimmfusspaare (Fig. 7) sind durchweg mit kräftigen und gekrümmten Dornen bewaffnet und geradezu als Greiffüsse zu bezeichnen, die inneren Aeste dagegen reduciren sich auf ganz verkümmerte zweigliedrige Stummel, welche mit einer oder zwei (4te Fuss) Borsten enden. Das letzte Fusspaar bleibt im männlichen Geschlechte kurz, beim Weibchen bildet dasselbe zwei ansehnliche Doppelblätter (Fig. 8), welche das unpaare Eiersäckchen zum Theil bedecken und bis zum zweiten Abdominalsegment reichen. Die Furca besitzt nur eine Endborste. Die Gattungsdiagnose würde also etwa in folgender Weise festzustellen sein:

Corporis et antennarum habitus sicut in „Cleta". Antennae anticae 4 articulatae, magnopere ornatae. Pedum primi paris ramus internus biarticulatus, tenuis, externus triarticulatus. Pedum sequentium rami interni rudimentarii, rami externi triarticulati uncinati.

29. Liljeborgia linearis n. sp.

Leider habe ich nur eine einzige, allerdings sehr häufige Art aufgefunden, kann also die Art und Gattungsmerkmale nicht wohl ausreichend sondern. Die Form des Körpers ist durchaus linear. Kopf, Thorax und Abdomen fast gleich breit, die Segmente scharf abgesetzt und in einiger Entfernung über dem unteren Verbindungsrande mit groben conischen Zähnen auf vorspringender Kante bewaffnet. Der grosse Schnabel beginnt mit breiter Basis, spitzt sich nur wenig zu und trägt rechts und links von dem abgerundeten oberen Ende eine Tastborste. Die Antennen 4gliedrig, sehr kräftig bewaffnet, kürzer als das Kopfbruststück, im männlichen Geschlechte mit einer breiten Zange endend. Das letzte Abdominalsegment länger und umfangreicher als das vorhergehende, ohne Zähnelung; die Furca kurz, mit einer einzigen sehr kräftigen

Endborste und mehreren kleinen Seitenborsten versehen, ihre beiden Hälften scheerenartig aus-
einanderweichend. Am Innenrande jedes Furcalgliedes finden sich 4 vorspringende Spitzen.
Panzer sehr dick mit zahlreichen kleinen Vertiefungen und Poren. Körperlänge des Männchens
ohne die lange Schwanzborste 0,9 mm., des Weibchens 1,25 mm.

30. Cleta parvula n. sp. (Taf. II. Fig. 25 — 28).

Der Körper misst ohne die Schwanzborsten 0,6 mm., mit denselben fast 0,9 mm., besitzt
einen ziemlich glatten Rückenrand und ist an allen Segmenten mit feinen Spitzen besetzt. Die
vordere Antenne (Fig. 25) besteht aus 6 Gliedern und entbehrt des hakenförmigen nach hinten gerichteten Fortsatzes der Art von Messina, die einzelnen Glieder stehen in dem Grössenverhältniss von
10, 9, 7, 2½, 1½, 7. Was diese Art als ein Zwischenglied von Cleta und Liljeborgia erscheinen
lässt, ist die auffallende Verkümmerung der 2gliedrigen innern Ruderäste an den normal gebildeten
Schwimmfüssen (Fig. 27). Dieselben sind nämlich aus zwei sehr kleinen Gliedern zusammengesetzt,
von denen das zweite mit einer oder zwei Borsten endet. Indessen bleibt der innere Ast des
ersten Paares auch bei Weibchen ein langgestreckter Greiffuss. Die unteren Kieferfüsse sind
ansehnlich entwickelt (Fig. 26), an dem blattförmigen Fusse erscheint die innere Lamelle sehr
verkürzt (Fig. 28). Die Segmente des Abdomens sind ziemlich gleich lang und die beiden vorderen
durch eine Chitinleiste gesondert, die Furca erscheint langgestreckt und schmal und verhält sich
zur Länge des vorausgehenden Segmentes wie 17 : 12, ihre lange Endborste ist an der Spitze
gebogen.

31. Cleta similis n. sp. (Tafel V. Fig. 13 — 16).

Der Körper misst ohne die Schwanzborsten 0,6 mm., mit denselben 1,1 mm. und gleicht
ausserordentlich der messinesischen Cl. brevirostris. Die Antennen, welche bei der letzteren Art
nur 6gliedrig sind (Fig. 15) im Verhältniss der Zahlen 6, 8, 8, 2 (4?), 2, 8 für die einzelnen
Glieder, bestehen hier aus 7 Glieder, welche zu einander im Verhältniss der Zahlen 7, 9, 10,
2 (4), 2, 4½, 5½ stehen (Fig. 13). Man sieht, es ist eine Theilung des letzten dort sehr
langen Gliedes eingetreten. Uebrigens sind die Arten streng geschieden. Die innern Aeste des
ersten Fusspaares sind langgestreckt und sehr kräftig entwickelt, ähnlich auch wie bei Cleta lamellifera
(Claus, Cupep. Tafel XV. Fig. 22), der äussere kaum halb so lang, schmächtig, 3gliedrig wie der
Aussenast der Dactylopus-ähnlichen Canthocamptusarten (Tafel V. Fig. 14). Die innere Aeste
der übrigen Fusspaare sind 2gliedrig und mit langen Borsten versehen. Der fünfte Fuss trägt
eine lange äussere Lamelle (Fig. 14) im Gegensatz zu dem breiten Aussengliede von Cl. brevirostris. Alle Abdominalsegmente sind mit feinen dicht gestellten Spitzen besetzt. Von den zwei
Endborsten der Furca ist die eine viel schmächtiger und nicht ganz von derselben Länge
der zweiten.

32. Cleta forcipata n. sp. (Tafel II. Fig. 9 — 11).

Der stark bepanzerte Körper gleicht im Allgemeinen der Liljeborgia linearis, misst im
männlichen, ausschliesslich beobachteten Geschlechte 0,9 mm. ohne die sehr kräftige Schwanzborste, in welche die gestreckte Furca sich fortsetzt. Das erste Fusspaar bildet mit seinem
inneren Aste einen sehr kräftigen Greiffuss, während der äussere Ast einen dünnen gestreckten
aber nur zweigliedrigen Ruderanhang darstellt (Fig. 11a). Die Antennen des Männchens mit
kräftigem Hakenfortsatz am zweiten Ringe (Fig. 9), Mittelabschnitt und Endabschnitt sind zu

1) Der längste Aussenrand mit dem zarten Borstenanhang.

einer sehr eigenthümlichen beweglichen Zange umgestaltet. Die hintere Antenne trägt einen einfachen gedrungenen mit 4 Borsten besetzten Endabschnitt (Fig. 10). Die innere Aeste der Schwimmfüsse wohl entwickelt, theils 3gliedrig, theils 2gliedrig. Die Abdominalsegmente sind mit Spitzenreihen besetzt.

33. Tachidius minutus n. sp. (Taf. IV. Fig. 1 — 7).

Nach der Bildung des ersten Fusspaares, der Mundwerkzeuge und der Schwimmfüsse muss ich eine sehr kleine *Harpactidenart* Nizza's dieser Gattung zurechnen, von welcher bislang nur Liljeborg eine einzige Art als *brevicornis* beschrieben hat. Alle Fusspaare sind normal gebildete Schwimmfüsse mit dreigliedrigen Ruderästen, von denen der äussere des ersten Paares bereits eine Stellung seiner Borsten zeigt, welche auf die Gestalt des Greiffusses, wie wir ihn am äusseren Aste einiger *Dactylopusarten* beobachten, hinweist (Fig. 6). Der innere Ast des ersten Fusspaares ist merklich breiter und länger. Die vordern Antennen erscheinen auffallend kurz und sehr stark verschmälert (Fig. 2). Dieselben sind fünfgliedrig mit sehr breiten aber kurzen Basalgliedern, welche sammt dem schmalen Mittelgliede unter dem dachförmig vorragenden Schnabel versteckt sind. Das vierte Glied trägt den verhältnissmässig kurzen Riechfaden, auch das sehr langgestreckte Endglied trägt eine blass conturirte Borste. Die untere Antennen bestehen aus 3 fast rechtwinklig zueinander gestellten Abschnitten, ihr Nebenast ist schmächtig, aber lang und dreigliedrig, mit sehr kurzem Mittelgliede (Fig. 3). Der Mandibularpalpus (Fig. 4) trägt auf einem grossen Basalstücke 2 Glieder, welche ebensovielen Aesten entsprechen, der Maxillarpalpus (Fig. 5) erscheint dreifach gelappt. Die Füsse des fünften Brustsegmentes (Fig. 7) bedecken die äusserste Spitze des langgestreckten, aber grosse Eier einschliessenden Eiersäckchens und sind blattförmig. Die innere Lamelle bleibt schmal etwas zugespitzt und läuft in 2 Borsten aus, die äussere bildet ein breiteres tief gezaktes Blatt mit 4 oder 5 Borsten. Der gesammte Leib erreicht nur die Länge von 0,55 und ohne die langen Schwanzborsten 0,33 mm. und zeichnet sich durch die starken Flügelfortsätze der Thoracalsegmente sowie durch die breiten, ähnlich wie lange Spitzen hervortretenden Verbindungshaute aller Leibesringe aus. Die beiden vorderen Segmente des Abdomens sind im weiblichen Geschlechte verschmolzen, das letzte Segment ist stark zugespitzt und trägt die schmalen und kurzen Furcalplatten, von denen jede in 2 längere Endborsten ausläuft.

Jurinia n. gen. (Tafel II. Fig. 15 — 24).

Auch diese Gattung muss ich nach einer einzigen Form anstellen, welche sich durch ihre lineare Gestalt an *Cleta* anschliesst, jedoch wesentliche Eigenthümlichkeiten in der Bildung der Antennen, Kiefer und Füsse darbietet. Die Segmentirung des linearen langgestreckten Leibes ist ganz die nämliche wie dort; Kopf und Brust sind verschmolzen, die Sonderung der beiden ersten Abdominalsegmente des Weibchens durch Chitinleisten markirt. Die vorderen Antennen sind kurz und gedrungen 7gliedrig, aber ohne den Hakenfortsatz der Basis (Fig. 16), beim Männchen (Fig. 17) mit breiter scherenartiger Zange am oberen Abschnitt. Die sehr gedrungene Antenne des zweiten Paares trägt einen sehr schmalen und rudimentären, nur mit 2 Borsten versehenen Nebenast (Fig. 18). Die Mundwerkzeuge charakterisiren sich zunächst durch die einfache Beschaffenheit der Kiefertaster (Fig. 19, 21), deren Lappen fast vollständig verschwinden und durch die 2 grossen Zähne der Mandibeln (Fig. 20). Vor allem aber fällt die rudimentäre

Form der innern oder untern Kieferfüsse auf, welche auf den ersten Blick vollständig zu fehlen scheinen, bei genauerer Untersuchung jedoch als dreieckige Plättchen, an deren Spitze eine schwache Hakenborste anstatt des Hakengliedes aufsitzt (Fig. 22b), nachgewiesen werden. Die Schwimmfüsse sind ziemlich gleichartig gebaut, wie bei *Cleta* sind die inneren Aeste 2gliedrig, die äusseren dagegen 3gliedrig. Während sich aber dort der Innenast des ersten Paares zu einem sehr langgestreckten und dünnen Greiffusse umgestaltet, behält derselbe hier die Form eines einfachen Ruderfusses bei und erreicht etwa nur die halbe Länge des äusseren Astes. Die Füsse des fünften Paares (Fig. 24) zeichnen sich durch ihre mediane Verschmelzung aus und bilden ein quergerichtetes 4lappiges Blatt, welches im weiblichen Geschlechte eine ansehnliche Grösse erreicht und einen Theil des vorderen Abdominalsegmentes bedeckt, bei dem Männchen dagegen sehr kurz bleibt und nur am unteren Rande kaum merkliche Einschnitte zeigt. Auch hier besitzt die Furca wie bei *Liljeborgia* nur eine lange Endborste. Die Charaktere der Gattung würden demnach folgende sein:

Corpus lineare. Antennae primi paris 7 articulatae, breves, maris cheliformes. Palpi mandibularum et maxillarum simplices. Maxillipedes inferiores rudimentarii. Pedum quatuor parium ramus internus biarticulatus, externus triarticulatus.

34. Jurinia armata n. sp. (Tafel II. Fig. 15—24).

Der lineare auffallend langgestreckte Körper verschmälert sich nur sehr unbedeutend nach dem hinteren Körperende zu, und das letzte Segment des Abdomens erscheint zugespitzt. Besonders zeichnet sich das Abdomen (Fig. 15) durch seine Länge und Streckung aus. An den Verbindungsrändern der Segmente des Kopfbruststückes fehlen Zähne und Höcker durchweg, dagegen findet sich am unteren ventralen Rande des zweiten bis fünften Abdominalsegmentes ein Besatz langer Spitzen. Im weiblichen Geschlechte beschränken sich diese Spitzen mit Ausnahme des Endsegmentes auf die Seitentheile, ohne in der Mittellinie zusammenzustossen, beim Männchen dagegen bilden sie an der Bauchfläche des zweiten und dritten Ringes einen geschlossenen Gürtel. Die Furcalglieder bleiben schmal und liegen dicht nebeneinander (Fig. 15); die lange Endborste beginnt mit bulböser Anschwellung und erreicht kaum die Länge des Abdomens. Die zweite Borste am Innenrande ist quer nach aussen gekehrt. Der Schnabel ist von mittlerer Grösse, aber breit und mit 2 Tastfächen besetzt. Die vorderen Antennen sind 7gliedrig und äusserst gedrungen, das vierte Glied setzt sich in den Höcker fort, welcher die lange Riechborste trägt, das fünfte und sechste Glied ist sehr kurz (Fig. 16). Die Antennen des zweiten Paares enden mit 6 griffelförmigen kaum gebogenen Dornen und tragen einen sehr schmächtigen, in 2 Borsten auslaufenden Nebenast. Alle Fusspaare sind mit kräftigen Stacheln und Spitzen an den Rändern bewaffnet. Die Körperlänge beträgt ohne die Endborste 1,05 bis 1,15 mm.

35. Dactylopus similis n. sp. (Tafel II. Fig. 29. 30).

Einer der grössten und häufigsten *Harpactiden* Nizza's, welcher leicht mit *D. Stroemii* der Nordsee verwechselt werden kann, indem bei näherer Untersuchung wesentliche Abweichungen zeigt. Wir unterscheiden für diese sehr variabele Form eine grössere und kleinere Varietät, von welcher das Weibchen der ersteren ohne die Schwanzborste bis 1,3 mm., das der letzteren nur 0,7 mm. erreicht. Mit den Schwanzborsten steigt die Länge im ersteren Falle auf 2 mm. Ausser der bedeutenden Körpergrösse besitzt der Schnabel eine verhältnismässig viel bedeutendere Länge

4

als bei *D. Stroemii*. Die Antennen und Mundwerkzeuge stimmen nahe mit denen jener Art überein. Messungen der einzelnen Körpertheile ergeben folgende Verhältnisse:

Dactylopus similis.

	(♀) 0,7 mm.	(♀) 1,2 mm.	(♀) 1,3 mm.	(♂) 0,7 mm.	(♂) 0,8,5 mm.	(♂) 0,9 mm.
Körperlänge.						
Längste Schwanzborste.	0,45 mm.	0,75 mm.	0,75 mm.	0,45 mm.	0,7 mm.	0,7 mm.
Schnabel.	30	43	50	25	35	35
Antennenglieder von der Basis nach der Spitze. 1.	14	20	20	12	16	16
2.	10	12	12	9	10	11
3.	8	8	10	3	3	3
4.	6	8	8	14	15	15
5.	3	3	4	8	8	8
6.	4	5½	8	7	9	9
7.	3	2	2½	$\{^{1½}_{1½}$	$\{^{2}_{2}$	$\{^{2}_{2}$
8.	7	7	9	$\{_{7}$	$\{_{4}$	$\{_{4}$

Dactylopus Stroemii.

	(♀) 1,05 mm.	(♀) 1,1 mm.	(♀) 1 mm.	(♀) 1,1 mm.	(♂) 0,95 mm.
Körperlänge.					
Längste Schwanzborste.	0,4 mm.	0,5 mm.	0,35 mm.	0,6 mm.	0,6 mm.
Schnabel.	33	33	31	33	33
Antennenglieder von der Basis nach der Spitze. 1.	12	12	12	12	12
2.	10	10	10	11	11
3.	9	8	8	7	3
4.	9	7	7	7	15
5.	3	2	5	5	10
6.	5½	5	7	6	8
7.	2	2	3	$5\{^{3}_{2}$	$\{^{2}_{2}$
8.	6	7	7	7	$\{_{6}$

Es ergibt sich aus diesen Messungen das interessante Resultat, dass innerhalb derselben Art bedeutende Differenzen in den Grössenverhältnissen der Körpertheile obwalten und dass die 9gliedrige Antennenform, die wir bei den *Thalestris*arten normal beobachten, aus der 8gliedrigen durch Theilung des 7ten an sich schon kurzen Gliedes hervorgehen kann. Im Durchschnitt sind auch hier das 5te und 7te Antennenglied sehr kurz. Verschieden zeigt sich die vorliegende Art durch die bedeutendere Körpergrösse und den längeren Schnabel, welcher weit über die beiden Grundglieder der Antennen hinausragt und durch den Besitz von 2 *Eiersäckchen* im weiblichen Geschlechte. Die vorderen Abdominalsegmente sind nur seitlich am unteren Rande mit einer Spitzenreihe besetzt, während die beiden letzten Segmente einen vollständigen Kranz sehr kurzer Spitzen tragen. Im männlichen Geschlecht schliessen sich die Spitzenreihen auch an den vorderen Segmenten zu einem vollständigen Kranze. Die Furcalglieder sind kurz, immerhin aber etwas länger als breit. Die Füsse des ersten Paares kräftig. Von den 5 fingerförmig gestellten Borsten am dritten Gliede des Aussenastes ist der obere gekniet.

36. Dactylopus tisboides Cls. (Tafel III. Fig. 1 — 7).

Der Körper ist hoch und mässig breit (nicht flach, wie ich irrthümlich früher angemerkt hatte), mit kurzem conischen Schnabel (Fig. 1), welcher kaum den beiden vorderen Antennengliedern gleich kommt. Der Panzer hat einen mehr oder minder merklichen violett braunen Schein (besonders beim Weibchen) mit dunkler markirten Rändern der Segmente. Die vordern Antennen sind kurz und gedrungenen Baues, mit langen Haaren dicht besetzt. Ihre Glieder verhalten sich wie 9, 9, 7, $5^1/_2$, 4, 4, 5, 6. Beim Männchen (Fig. 1) tragen dieselben zwei lange Riechfäden. Der Nebenanhang der hinteren Antennen ist dreigliedrig mit kurzem Mittelgliede und 6 Borsten (Fig. 2). Die Aeste des Mandibulartasters treten sehr wenig hervor (Fig. 3). Der Maxillartaster 4lappig wie bei D. tenuicornis. Der untere Maxillarfuss von mittlerer Grösse, seine Handhabe mit flachem Innenrande, welcher in der Mitte eine Borste trägt und mit gewölbter Dorsalfläche (Fig. 4). Die Füsse des ersten Paares kräftig und mit Dornen besetzt (Fig. 5); der äussere Ast halb so lang als der innere, dessen Borste am Innenrande über die Mitte hinaus nach der Basis zu rückt und mit langen Haaren befiedert ist. Die Füsse des fünften Paares stossen in der Medianlinie an einander, ihre breite und hohe Basalplatte beim Weibchen (Fig. 6) mit 8 oder 9 quergestellten Chitinerhebungen nahe dem Innenrande. Das Abdomen sehr breit, die beiden vorderen Segmente deutlich abgegrenzt, das letzte Segment sehr kurz, ebenso die Furcalglieder, deren innere Borsten fast doppelt so lang als die äusseren sind und über $^2/_3$ der Körperlänge erreichen. Der Spitzenbesatz ist beim Männchen vollständiger entwickelt als beim Weibchen und findet sich an allen Abdominalsegmenten mit Ausnahme des Genitalringes, beim Weibchen aber fehlt derselbe den beiden vorderen Segmenten ganz und ist am dritten Segmente auf wenige Spitzen rechts und links, am vierten auf eine mediane kurze Spitzenreihe der Bauchfläche beschränkt. Die Körperlänge beträgt beim Männchen 0,75 bis 0,85 mm., mit den Schwanzborsten 1,25 bis 1,5 mm., beim Weibchen 0,85 bis 1,5 mm., mit den Schwanzborsten 1,5 bis 1,7 mm.

37. Dactylopus cinctus n. sp. (Tafel III. Fig. 8 — 12).

Die Chitinhaut ist sehr stark und gelblich braun gefärbt, die Ränder der Leibessegmente treten durch ihre ansehnliche Stärke und braune Färbung als Querbinden vor, noch dunkler erscheinen jedoch bei seitlicher Lage Rücken und Bauchconturen der Brust und des Abdomens, die erstere auf der inneren Fläche der Chitinhaut mit dunkel violettem Schein. Die Seitenflächen der drei vorderen Abdominalsegmente enthalten mehrere Gruppen von griffelförmigen, in kurzen Reihen stehenden Spitzen; am vorletzten Segmente beschränken sich diese Spitzen auf eine kurze Querreihe am unteren Rande der Bauchfläche, am letzten Segmente umstellen dieselben die Basis der kurzen und breiten Furcalglieder. Der Schnabel erreicht fast die Länge des Schnabels von C. Stroemii. Die einzelnen Abschnitte der 8gliedrigen vordern Antennen stehen von der Basis nach der Spitze zu in dem Grössenverhältniss folgender Zahlen: 15, 14, 10, 8, (10), 6, 8, 6, 8. Der Nebenast der hinteren Antennen ist 3gliedrig und mit 5 Borsten besetzt. Die Mundwerkzeuge nähern sich zum Theil denen von Thalestris robusta, welchen auch die gesammte Form des Körpers sehr ähnlich sieht. Die Taster der Mandibeln (Fig. 8) sind dreilappig, die der Maxillen (Fig. 9) vierlappig. Der obere Maxillarfuss mit breitem rechtwinklig gegen den Basalabschnitt gekrümmten Hakentheil und kurzen Anhängen des Basalstückes, der untere (Fig. 10) von kräftiger Entwicklung. Ebenso bieten die Füsse des ersten Paares (Fig. 11) und

4 *

die nachfolgenden Schwimmfüsse eine gedrungene Form bei bedeutender Dicke des Panzers. Die blattförmigen Füsse des fünften Paares (Fig. 12) bedecken etwa noch das vordere Segment des Abdomens, welches von dem nachfolgenden Segmente durch eine Quercontur der Chitinhaut abgesetzt ist. Das breite Aussenblatt bleibt kurz und trägt 6 Borsten auf stark hervortretenden Fortsätzen, das Hauptblatt erscheint schmaler und gestreckter und trägt wie auch bei den anderen Arten dieser Gattung nur 5 Borsten. Die Furcalglieder sind breiter als lang und tragen zwischen mehreren kurzen haarförmigen Borsten zwei längere Endborsten, von denen die innere durch ihre Grösse weit hervorragt und mit bulböser violett gefarbter Anschwellung beginnt. Das Auge ist dunkelroth pigmentirt und aus mehreren Pigmentkugeln zusammengesetzt.

38. Dactylopus flavus n. sp. (Tafel III. Fig. 13—16).

Körper (Fig. 13) ohne die Schwanzborsten etwa ½ mm. lang, mit gelb gefarbtem Panzer. Schnabel mässig lang, abgerundet. Die vorderen Antennen kurz, 6gliedrig mit ziemlich gleichlangen Gliedern. Der lange Riechfaden erhebt sich auf dem vierten Gliede. Der Nebenast der unteren Antennen mit kaum markirtem Mittelgliede. Die Mandibulartaster (Fig. 14) kurz und breit mit zwei langen schmalen Anfangsgliedern. Die Maxillarfüsse von mässiger Grösse (Fig. 15). Die Handhabe des längern Innenastes vom ersten Fusspaare scheint nur aus einem Gliede zu bestehen. Die befiederte Borste am Innenrande steht oberhalb der Mitte eingelenkt. Das fünfte Fusspaar ist auffallend kurz (Fig. 16), die beiden basalen Platten stossen in der Medianlinie zusammen. Das Abdomen breit mit Spitzenbesatz am zweiten, dritten und vierten Segmente. Das letzte Segment ist am kürzten und trägt die kurzen zugespitzten Furcalglieder. Das Männchen ist nur wenig kleiner aber weit schlanker und auch am vorderen Abdominalsegment mit Spitzen besetzt.

39. Dactylopus tenuicornis Cls. (Tafel III. Fig. 17—19).

Die Nizzaer Formen (Fig. 17) dieser Art stimmen vollständig mit denen von Messina überein. Die Charaktere des Körpers liegen besonders in dem langen dünnen etwas gebogenen Schnabel, den sehr langgestreckten Antennen, den vorgewölbten Seitenrändern des vorderen Kopfbruststückes und der Form des blattförmigen Fusspaares. Das kleinere Männchen misst ohne die Schwanzborsten 0,7 mm., mit denselben 1,2 mm., das Weibchen 0,75 bis 0,9 mm., mit den Schwanzborsten fast bis 1,6 mm. Der Schnabel und die 8 Antennenglieder stehen in dem Verhältniss folgender Zahlen, der Schnabel: 27 bis 30, die Antennen: 14, 18, 13—14, 13—15, 4, 5, 4½, 6—8. Der Nebenast der hinteren sehr schlanken Antennen (Fig. 18) ist schmal und nicht weiter gegliedert, auch nur mit 4 Borsten besetzt. Der Taster der Mandibeln (Fig. 19) erscheint einfach, da sich dem grossen Basalgliede nur ein gestreckter Anhang anfügt. Die Kiefertaster erscheinen breit gelappt, die vorderen Maxillarfüsse mit sehr kurzen Zangen besetzt, die hinteren Maxillarfüsse von ansehnlicher Stärke und langgestilt, mit etwas erweiterter gezähnelter Handhabe. Die vorderen Füsse sind gestreckt und sehr lang, mit schmächtigem schwimmfussähnlichen Aussenaste, an dessen Endgliede nur 4 schwache Borsten entspringen. Die Füsse des fünften Paares spitzen sich beim Weibchen zu einer triangulären Innenplatte zu und tragen sowohl hier als an der fast oblangen Aussenplatte kurze gezackte Dornen. Beim Männchen sind sie kurz und ebenso wie der Genitalhöcker des nachfolgenden Segmentes mit stark vortretenden Dornen bewaffnet. Die Spitzenreihen der Abdominalsegmente fehlen dem Weibchen.

sind jedoch beim Männchen an den 3 mittleren Segmenten schwach entwickelt. Das letzte Abdominalsegment auffallend gestreckt und verschmälert, länger als das vorhergehende; die Furcalglieder kurz, ungefähr so lang als breit, mit sehr langer innerer und kaum halb so langer äusserer Endborste. Das Weibchen trägt 2 Eiersäckchen.

40. Dactylopus brevicornis n. sp. (Tafel III. Fig. 20—25).

Körper gestreckt birnförmig, mit ansehnlich vortretendem breiten Schnabel und mit breitem Abdomen. Panzer gelblich gefärbt. Die vorderen Antennen sind sehr kurz und fünfgliedrig mit gedrungenen hohen Basalgliedern und dicht gestellten Borsten (Fig. 20). Der Nebenast der unteren ebenfalls gedrungenen Antennen deutlich dreigliedrig, aber kurz und breit. Oberlippe mit der wohlentwickelten Unterlippe schnabelartig hervortretend. Der Mandibulartaster (Fig. 21) gestreckt und mit zwei kurzen Nebenanhängen versehen, der Maxillartaster dreilappig (Fig. 22). Der obere Kieferfuss endet mit einem mächtigen, langgestreckten und an der Spitze gekrümmten Haken, der untere Kieferfuss ist von mittlerer Grösse und mit einem sanft gekrümmten, aber kurzen Haken bewaffnet (Fig. 23). Die beiden Aeste des ersten Fusspaares (Fig. 24) sind breit und von ziemlich gleicher Länge. An dem etwas längeren Innenaste sitzen die befiederten Randborsten oberhalb der Mitte auf, das Endglied des äussersten Astes mit 5 fingerförmigen Hakenborsten. Das fünfte Fusspaar (Fig. 25) mit breiter und zugespitzter Basalplatte, an deren kurzem unteren Rande die fünf Borsten ziemlich in einer Linie nebeneinander sich erheben. Erstes und zweites Abdominalsegment sind durch eine stark ausgeprägte Chitinleiste gesondert. Der Spitzenbesatz an den beiden letzten Abdominalsegmenten des Weibchens bemerkbar. Die Furca breit, kürzer als das vorhergehende Segment; von den beiden langen Endborsten überragt die innere die äussere fast um das doppelte. Der Körper des Weibchens misst 0,65 bis 0,75 mm., mit den Schwanzborsten aber 1,1 bis 1,25 mm. Das Weibchen trägt ein Eiersäckchen.

41. Dactylopus macrolabris n. sp. (Tafel III. Fig. 26—29).

Körper dem der vorhergehenden Art ähnlich, aber etwas grösser, 0,85 mm. und mit den Schwanzborsten 1,35 mm. lang, mit gelblichem Panzer und breitem conischen Schnabel. Die vorderen Antennen (Fig. 26) sind 7gliedrig, die 2 unteren Glieder sehr breit, die 4 oberen schmal, das dritte Glied trägt die lange Riechborste wie *D. brevicornis*. Der Nebenast der unteren Antennen schmächtig, einfach und nur mit 3 Borsten an der Spitze besetzt. Die Mundtheile stimmen sehr nahe mit denen von *D. brevicornis* überein, doch bleibt der Endhaken des oberen Maxillarfusses schmächtiger und mehr einer langgestreckten Hakenborste vergleichbar. Auch hier sitzen am innern Rand der Handhabe drei ovale Anhänge mit schwachen scheerenartig gestellten Borsten. Die Oberlippe tritt sehr hervor, ebenso eine unterhalb der Mandibeln entwickelte zweilappige Unterlippe (Fig. 28). An dem ersten Fusspaare (Fig. 29) erreicht der Innenast ungefähr die doppelte Länge des äusseren und verschmälert sich stark nach dem Ende zu. Die innere befiederte Randborste erhebt sich nahe der Basis, weit unterhalb der Mitte; das Endglied des äusseren Astes ist kurz mit nur 4 kaum gekrümmten Hakenborsten. Das fünfte Fusspaar dem der vorhergehenden Art ähnlich, doch ist die äussere Platte etwas schmäler und mit drei Borsten am äusseren Rande versehen. An den drei ziemlich gleichlangen Endgliedern des Abdomens findet sich ein kleiner Spitzenbesatz. Das Weibchen trägt 1 Eiersäckchen.

42. Dactylopus longirostris Cls. (Tafel V. Fig. 17 — 19).

Der Körper 0,6 — 0,7 mm., mit den Schwanzborsten circa 2 mm. lang, schliesst sich in der Bildung der vorderen Füsse an *Canthocamptus setosus* an (Fig. 19), während die Mundwerkzeuge den Charakter der Gattung bewahren. Schnabel und vordere Antennen (Fig. 17) gleichen sehr den entsprechenden Organen von *D. minutus*; 2 Eiersäckchen. Der Nebenast der hinteren Antennen (Fig. 18) schmal, mit 3 längeren Borsten versehen.

43. Canthocamptus parvulus n. sp. (Tafel V. Fig. 1 — 6).

Körper allmählig verschmälert, circa ¹/₂ mm. lang, mit den Schwanzborsten ungefähr 1 mm. lang. Der Schnabel kurz und versteckt. Die vorderen Antennen (Fig. 1a) 8gliedrig, ungefähr in dem Verhältniss der Zahlen 7, 11, 6, 5, 4, 4, 3, 3. Der Riechfaden dick und sehr lang. Der Nebenast der hinteren Antennen einfach, mit drei Endborsten (Fig. 1b). Die Oberlippe sehr weit nach oben gerückt. Die Mundtheile schliessen sich sehr nahe an die beiden einheimischen Süsswasserformen an und zeichnen sich durch die Einfachheit der Kiefertaster aus (Fig. 2 u. 3). An den vorderen Kieferfüssen (Fig. 4) gelang es mir nur ein einziges Anhangsglied unterhalb des grossen Endhakens nachzuweisen, doch möchte wahrscheinlich noch ein zweites unteres vorhanden sein. Die vorderen Füsse (Fig. 1d u. 5) stimmen sehr nahe mit denen von *C. rostratus* von Messina. Der Innenast des 4ten Fusspaars ist ebenso wie die vorausgehenden 3gliedrig, die zwei vorderen Segmente des umfangreichen Abdomens sind beim Weibchen verschmolzen, aber durch eine quere Chitinleiste als ursprünglich gesondert bezeichnet. Die unteren Verbindungsränder sind mit Spitzen besetzt. Das letzte Segment bis zur Mitte getheilt. Die Furcalglieder breiter als lang, mit zwei langen Endborsten besetzt, von denen die innere bei weitem die umfangreichere ist. Das Männchen sehr schmächtig.

44. Canthocamptus setosus n. sp. (Tafel V. Fig. 7 - 12).

Der Körper 0,4 — 0,5 mm. und inclusive der längeren Schwanzborste 0,6 — 0,7 mm. lang, mit dickem Panzer und scharf hervortretenden Segmentalrändern. Die vordere Antenne 6gliedrig (Fig. 7 u. 8), die hintere trägt einen sehr schmächtigen einfachen Nebenanhang mit 3 Endborsten. Die Mundtheile denen der vorigen Art ähnlich. Mandibulartaster langgestreckt und hervorragend (Fig. 9). Das vordere Fusspaar nähert sich der Gattung *Dactylopus*, indem die Borsten und Griffel des kürzeren Astes bereits fingerförmig gespreizt sind. Das dritte langste Glied dieses Astes trägt 2 gekniete Endborsten und 2 Griffel. Dazu kommt die Kürze der beiden Endglieder des längeren Innenastes (Fig. 11). In der Bildung dieser Gliedmassen stimmt unsere Art mit der als *Dactylopus pygmaeus* bezeichneten Helgolander Form überein, deren Aehnlichkeit mit *Canthocamptus* ich bereits hervorhob. Die Grenze zwischen beiden Gattungen ist jedenfalls schwierig festzustellen, da sich die Unterschiede durch allmählige Uebergänge vermischen. Auch nähert sich unser *D.* 8gliedrigen Antennen der Gattung *Canthocamptus*, gleicht jedoch in der Länge des Nebenastes der Antennen und in der Bildung des kürzeren Aussenastes vom ersten Fusspaare, dessen Mittelglied sehr lang ist und dessen kurzes Endglied 5 starke Greiffinger trägt, den entschiedenern *Dactylopus*-arten. Die Schwimmfüsse unserer Art zeichnen sich durch die kurzen 2gliedrigen Innenäste, das Abdomen durch den Besatz von langen Spitzen an den Seiten der Bauchfläche aus. Die äussere Schwanzborste bleibt kurz, die innere erreicht etwa die Länge des Abdomens.

46. Harpacticus nicaeensis n. sp. (Tafel II. Fig. 12 — 14).

Eine sehr häufige und variable Form, welche sowohl mit *H. gracilis* von Messina als mit dem grösseren nordischen *H. chelifer* einige Verwandtschaft besitzt. Die Grösse schwankt zwischen 0,8 mm. und 1, mm. (exclusive der Schwanzborsten), während die messinesische Art etwa 0,75, die nordische 1,1 bis 1,2 mm. misst. Wie bei *H. gracilis* sind die vorderen Antennen 9gliedrig, die Grössenverhältnisse der Glieder besonders des 3ten und 4ten Gliedes aber einigen Schwankungen ausgesetzt. Man unterscheidet sehr bestimmt eine stärkere und kräftigere, der nordischen Art näher stehende von einer schwächeren und schlankeren, mit der Messinesischen Form mehr übereinstimmende Varietät, beide mit einer ganzen Reihe von scheinbar geringfügigen, erst bei eingehender Untersuchung bemerkbaren Eigenthümlichkeiten. Die schlankere Varietät hat einen längeren und schmäleren Schnabel, etwas dünnere und gestrecktere Antennen, an denen das 3te und 4te Glied zuweilen ganz auffallend verlängert sind, alle Borsten sind schwächer und minder dicht befiedert, die Extremitäten schlanker und schwächer, ihre Greiforgane minder gross und kräftig. Die Greifhand des unteren Maxillarfusses ist bedeutend schmächtiger als bei der kräftiger gebauten Varietät. Am ersten Fusspaare (Fig. 14a) endet der längere Arm mit 4 einfachen, ungleich starken (2 längeren und 2 kürzeren) Haken und einer gekrümmten Borste wie bei *H. gracilis*, bei der stärkeren Varietät (Fig. 14b) dagegen mit 4 fast gleich starken, doppelt gekerbten Haken, ohne die gekrümmten Borsten; die nordische Form besitzt drei sehr starke doppelt gekerbte Haken. Der kleinere Arm trägt in beiden Fällen am Endglied einen starken gekerbten Haken und eine etwas dünnere Hakenborste. Bei *H. chelifer* mit nur 8gliedrigen Antennen bilden drei ansehnliche ebenfalls doppelt gekerbte Haken die Bewaffnung des längeren Armes, während an dem kurzen Arm die Hakenborste ganz reducirt ist. Auch an den Füssen und besonders an denen des letzten Paares macht sich derselbe Unterschied bemerklich, indem die Aussenplatte bei der schwächeren Varietät dünner und schlanker erscheint. Die besondere Form der Borstenbewaffnung, die Zahl der Borsten etc. ist in beiden Fällen ganz übereinstimmend, auch die Theilung des letzten Abdominalsegmentes und die besondere Gestaltung des Zahnchenbesatzes am Abdomen. Eingehendere zum Vergleiche ausgeführte Messungen ergeben folgende Zahlen:

	Harp. gracilis.		*Harp. nicaeensis.*			Schwächere Form.	
Körperlänge.	(♀)0,75 mm.	(♀)0,8 mm.	(♀)0,85 mm.	(♀)0,95 mm.	(♀)0,9mm.	(♀)0,9mm.	(;)0,95mm.
Grösste Furcalborste.	0,7 mm.	0,70 mm.	0,7 mm.	0,8 mm.	0,7 mm.	0,7 mm.	0,9 mm.
Schnabel.	15	17	18	17	20	16	20
Antennen-glieder 1.	12	11	12	12	12	12	12
2.	10	10	10	10	10	10	11
3.	13	14	12	15	10	14	20
4.	12(14)	13(15)	11(13)	12(16)	12(15)	15(17)	22(25)
5.	4	5	5	5½	5	5	5
6.	5	5	6	6½	6	6	7
7.	3	2	3	3½	3	3	3
8.	2½	2	2	2½	2	2	2½
9.	2½	2½	3	3	— 2½	3	3

Längerer Greiffuss. 52	—	55	—	60	60	65
Kürzerer Greifuss. 35	—	38	—	40	40	43
Greifhand des Maxillarfusses. 20	22	—	24	—	25	28
Stil desselben. 20	30	—	32	—	35	—

Harp. nicaeensis.

	Schwächere Form.			Starkere Form.		
Körperlänge.	(?)9,10 mm.	(?)9,1 mm.	(♀)9,1 mm.	(♀)0,95 mm.	(?)0,95 mm.	(?)1, mm.	(♂)0,95 mm.
Grösste Furcalborste.	0,8 mm.	0,8 mm.	0,8 mm.	0,75 mm.	0,75 mm.	0,8 mm.	0,8 mm.
Schnabel.	18	20	20	16	16	—	—
Antennenglieder. 1.	13	12	13	14	12	11	—
2.	12	11	12	15	13	15	—
3.	15	13	15	12	12	13	—
4.	12(15)	11(13)	15(17)	12(14)	13(15)	12(15)	—
5.	5½	5	5½	5	5	4½	—
6.	7	6	6	6	6	5	—
7.	3	3	3	3	3	2½	—
8.	2½	2½	2½	3	3	2½	—
9.	3	3	3	2½	2½	2½	—
Längerer Greiff.	—	—	—	70	70	70	75
Kürzerer Greiff.	—	—	—	45	45	45	45
Greifhand des Maxillarfusses.	25	25	25	26	25	23	—
Stil desselben.	35	32	36	45	48	50	—

H. chelifer von Helgoland.

	(?)	(♀)	(♂)
Körperlänge.	1,1 mm.	1,1 mm.	1,2 mm.
Grösste Furcalborste.	0,85 mm.	0,75 mm.	1,75 mm.
Schnabel.	22	20	—
Antennenglieder. 1.	16	15	—
2.	20	19	—
3.	17	17	—
4.	15	15	—
5.	6	6	—
6.	7	6	—
7.	4	4	—
8.	3	2½	—
Längerer Greiffuss.	75	73	75
Kürzerer Greiffuss.	50	48	50
Greifhand des Maxillarfusses.	40	40	40
Stil desselben.	—	—	30

- Zur weiteren Charakterisirung sei bemerkt, dass die Spitzenreihe am vorletzten Hinterleibsringe hinwegfällt und das letzte Segment ebenso wie die breite Furca kurz bleiben. Das Auge besitzt einen rothen Pigmentkörper und die männliche Antenne den in Fig. 12 dargestellten Bau. Ein wichtiges Merkmal liegt auch in der bedeutenden Länge des zweigliedrigen Stiles vom Maxillarfusse. Die Mundtheile stimmen wiederum sehr nahe mit denen von *H. obsolete* überein; unrichtigerweise aber habe ich dort den vierlappigen Maxillartaster dreilappig dargestellt, sowie an dem oberen Kieferfusse (Fig. 13) den unteren doppeltbehaarten Gabelanhang ausser Acht gelassen. Der gestreckte Nebenast der hinteren Antennen lässt deutlich 2 Abschnitte erkennen und trägt am oberen Rande 3, an der Spitze 2 längere Borsten, genau wie bei den anderen Arten.

46. Thalestris rufo-violascens n. sp. (Tafel IV. Fig. 18—22).

Dieser ziemlich häufige *Harpactide* steht im Bau seines Körpers zwischen der Helgoländer *Th. longimana* und der *Th. Mysis* von Messina. Der letzteren nähert sich besonders die äussere Körpergestalt, der ersteren die Bildung der Mundwerkzeuge und Füsse. Der gestreckte Leib erreicht im weiblichen Geschlecht ohne die 0,6 mm. lange Schwanzborste eine Länge von 1¹/₄ mm.; das stärker gekrümmte, fast wie *Westwoodia* gestaltete Männchen bleibt um ¹/₄ kleiner. Der dicke Panzer hat namentlich an den Gliedmassen eine röthliche Färbung, im Nacken einen deutlich violetten Flecken. Seine Oberfläche bleibt glatt, doch lassen sich am besten beim Männchen feine Erhebungen in Gestalt unregelmässiger Linien nachweisen. Der Schnabel ist conisch und gleichzeitig in scharfem Gelenke von der Stirn abgesetzt. Die beiden ersten Abdominalsegmente besitzen beim Weibchen breite gemeinschaftliche Seitenflügel. Im Vergleiche zu *Th. Mysis* zeigen die einzelnen Segmente des Abdomens folgende Grössenverhältnisse:

Abdominalsegmente	*Th. Mysis*	Die vorliegende Art
1.	40—45	30
2.	40—45	30
3.	30	25
4.	20	22
5.	10	10
Furca	10	10

Die vorderen Antennen sind 9gliedrig und ähnlich geformt wie bei *Th. longimana*, indessen mit kürzerem Basalgliede. Die 6 Glieder der Geissel stehen dort in dem Verhältnisse wie 6, 4, 5, 4, 4, 4; hier wie 8, 3, 4¹/₂, 2¹/₄, 2¹/₂, 2¹/₄. Beim Männchen ist die Greifantenne sehr gestreckt und 0,3 mm. lang. Der 2gliedrige Nebenast der hinteren Antenne (Fig. 18) trägt 5 Borsten. Die Taster der Mandibeln (Fig. 19) und Maxillen (Fig. 20) verhalten sich fast genau wie bei der grossen Helgoländer Art, ebenso die Kieferfüsse, von denen jedoch die oberen durch die Auftreibung ihres mit Höckerchen und Haaren überkleideten Basalabschnittes (Fig. 21), die unteren mächtigen Greifarme durch einen umfangreichen Höckerfortsatz des Stiles ausgezeichnet sind. Die langen und dünnen Aeste des ersten Fusspaares stimmen genau mit *Th. longimana* überein (vergl. Claus, *Copep.* Taf. XVIII. Fig. 11) und sind im Verhältniss der geringeren Körpergrösse etwa um ¹/₃ kürzer und schwächer. Das fünfte aus zwei grossen Blättern zusammengesetzte Fusspaar (Fig. 22) bedeckt die obere Hälfte des Eiersäckchens und erreicht etwa die Länge der 2 vordern Abdominalsegmente, im männlichen Geschlechte aber kaum den halben

Umfang. Die eigenthümliche Zeichnung namentlich des kleineren Aussenblattes entspricht der subcuticularen Matricalschicht, welche hier nach den Seitenrändern breite Fortsätze schickt. In beiden Geschlechtern fällt der grosse Seitenflügel des vorletzten Brustsegmentes auf. Die Furca erreicht ungefähr die halbe Länge von dem letzten Segmente des Hinterleibes, von ihren Endborsten erreicht nur die innere eine sehr bedeutende Länge. die zunächst äussere übertrifft indessen immerhin die Seitenborsten um das Mehrfache.

47. Thalestris robusta Cls.

48. Irenaeus Patersonii Templ.

Tafel I.

Taf. 1.

Fig. 1. Fig. 2. Fig. 3. Fig. 4. Fig. 5. Fig. 6.

Fig. 7. Fig. 8. Fig. 9. Fig. 10. Fig. 11.

Fig. 11. Fig. 12.

Fig. 13.

Fig. 15.

Fig. 12.

Fig. 16.

Tafel II.

Fig. 1—8. *Liljeborgia linearis.*
Fig. 1. Weibchen von oben betrachtet mit Eiersäckchen.
Fig. 2. Schnabel und vordere Antenne.
Fig. 3. Vordere Antenne des Männchens.
Fig. 4. Maxille nebst Taster.
Fig. 5. Oberer Maxillarfuss.
Fig. 6. Erster Fuss.
Fig. 7. Nachfolgender Schwimmfuss.
Fig. 8. Fünfter Fuss des Weibchens.
Fig. 9—11. *Cleta forcipata.*
Fig. 9. Vordere Antenne des Männchens.
Fig. 10. Die hintere Antenne.
Fig. 11a. Erster Fuss.
Fig. 11b. Fünfter Fuss des Männchens.
Fig. 12—14. *Harpacticus nicaeensis.*
Fig. 12. Die männliche Antenne der schwächeren Varietät.
Fig. 13. Vorderer Maxillarfuss.
Fig. 14. a. Endglied des kürzeren Armes vom ersten Fusspaar.
b. „ Ende des längeren Armes der stärkeren Varietät.
b'. „ „ „ „ „ „ schwächeren „
Fig. 15—24. *Jurinia armata.*
Fig. 15. Furca nebst Schwanzborsten, sowie die Endglieder des Abdomens.
Fig. 16. Antenne des Weibchens.
Fig. 17. Antenne des Männchens.
Fig. 18. Hintere Antenne.
Fig. 19. Mandibel nebst Taster.
Fig. 20. Kautheil der Mandibel.
Fig. 21. Maxille nebst Taster.
Fig. 22. Maxillarfüsse, a. oberer; b. unterer sehr verkümmert.
Fig. 23. Erster Fuss.
Fig. 24a. Fünfter Fuss des Weibchens.
Fig. 24b. Fünfter Fuss des Männchens.
Fig. 25—28. *Cleta parvula.*
Fig. 25. Vordere Antenne des Weibchens.
Fig. 26. Unterer Kieferfuss.
Fig. 27. Schwimmfuss.
Fig. 28. Fünfter Fuss des Weibchens.
Fig. 29. *Dactylopus similis.* Schnabel und Antenne.
Fig. 30. Der Nebenast der unteren Antenne desselben Thieres.

Fig. 1.

Fig. 4.

Fig. 7.

Fig. 2.

Fig. 5.

Fig. 11ᵇ

Fig. 6.

Fig. 4.

Fig. 3.

Fig. 10.

Fig. 12.

Fig. 11ᵃ

Fig. 13.

Fig. 9.

Fig. 17.

Fig. 16.

Fig. 15.

Fig. 18.

Fig. 21.

Fig. 14.

Fig. 19.

Fig. 20.

Fig. 23.

Fig. 24ᵃ

Fig. 23.

Fig. 22.

Fig. 24.

Fig. 24ᵇ

Fig. 25.

Fig. 25.

Fig. 26.

Fig. 30.

Tafel III.

Fig. 1 — 7. *Dactylopus tisboides* von Nizza.

Fig. 1. Schnabel und vordere Antenne des Männchens.

Fig. 2. Nebenast der hinteren Antenne.

Fig. 3. Mandibulartaster.

Fig. 4. Unterer Kieferfuss.

Fig. 5. Erster Fuss.

Fig. 6. Fünfter Fuss des Weibchens.

Fig. 7. Fünfter Fuss des Männchens.

Fig. 8 — 12. *Dactylopus cinctus*.

Fig. 8. Mandibulartaster.

Fig. 9. Maxillartaster.

Fig. 10. Unterer Kieferfuss.

Fig. 11. Erster Fuss.

Fig. 12. Letzter Fuss des Weibchens.

Fig. 13 — 16. *Dactylopus flavus*.

Fig. 13. Weibchen in seitlicher Lage mit hervortretenden Antennen und erstem Fusspaare.

Fig. 14. Mandibulartaster.

Fig. 15. Unterer Kieferfuss.

Fig. 16. Letzter Fuss des Weibchens.

Fig. 17 — 19. *Dactylopus tenuicornis*.

Fig. 17. Weibchen in seitlicher Lage.

Fig. 18. Nebenast der hinteren Antenne.

Fig. 19. Mandibulartaster.

Fig. 20 — 25. *Dactylopus brevicornis*.

Fig. 20. Antenne des Weibchens.

Fig. 21. Mandibulartaster.

Fig. 22. Maxillartaster.

Fig. 23. Unterer Kieferfuss.

Fig. 24. Erster Fuss.

Fig. 25. Fünfter Fuss des Weibchens.

Fig. 26 — 29. *Dactylopus macrolabris*.

Fig. 26. Antenne des Weibchens.

Fig. 27. Nebenast der hinteren Antenne.

Fig. 28. Unterlippe.

Fig. 29. Erster Fuss.

Tafel IV.

Fig. 1—7. *Tachidius minutus.*
Fig. 1. Weibchen in seitlicher Lage mit Eiersäckchen.
Fig. 2. Vordere Antenne.
Fig. 3. Nebenast der hinteren Antenne.
Fig. 4. Mandibulartaster.
Fig. 5. Maxillartaster.
Fig. 6. Erster Fuss.
Fig. 7. Fünfter Fuss des Weibchens.
Fig. 8—15. *Scutellidium tisboides.*
Fig. 8. Männchen vom Rücken aus gesehen.
Fig. 9. Abdomen des Weibchens.
Fig. 9d. Aeussere Platte des fünften Fusses.
Fig. 10. Der Genitalabschnitt des Abdomens. a. Basalplatte des fünften Fusses.
Fig. 11. Vordere Antenne des Weibchens.
Fig. 12. Der Nebenast der hinteren Antenne.
Fig. 13. a. Mandibel. b. Maxille.
Fig. 14. a. Oberer- b. Unterer Kieferfuss (gesondert gezeichnet).
Fig. 15. Erster Fuss.
Fig. 16—17. *Tisbe furcata.* Grosse Abänderung von Nizza
Fig. 16. Nebenast der hinteren Antenne.
Fig. 17. Fünfter Fuss.
Fig. 18—22. *Thalestris rufo-violascens.*
Fig. 18. Nebenast der hinteren Antenne.
Fig. 19. Mandibulartaster.
Fig. 20. Maxillartaster.
Fig. 21. Oberer Kieferfuss.
Fig. 22. Fünfter Fuss.

Fig. 2.   Fig. 1.   Fig. 4.   Fig. 8.   Fig. 9.   Fig. 9.

Fig. 3.   Fig. 6.

Fig. 5.

Fig. 14.   Fig. 10.

Fig. 15.

Fig. 6.

Fig. 12.   Fig. 13.

Fig. 11.

Fig. 15.

Fig. 17.   Fig. 16.

Fig. 22.   Fig. 20.   Fig. 19.

Tafel V.

Fig. 1.

Fig. 2.

Fig. 3.

Fig. 4.

Fig. 5.

Fig. 20.

Fig. 6.

Fig. 7.

Fig. 8.

Fig. 9.

Fig. 11.

Fig. 12.

Fig. 10.

Fig. 17.

Fig. 16.

Fig. 18.

Fig. 14.

Fig. 19.

Fig. 13.

Fig. 15.

Fig. 21.